십자가 복음 워크북 시리즈 ①

"십자가와 하나님 나라"

하도균 지음

십자가 복음 워크북 시리즈 ❶

십자가와
하나님 나라

초판 1쇄 발행	2014. 9. 15.
초판 2쇄 발행	2016. 9. 20.

지은이	하도균
펴낸이	방주석
펴낸곳	도서출판 소망
주소	(130-812) 서울시 동대문구 천호대로2길 23-3 진흥빌딩 501호
전화ㅣ팩스	02)392-4232 ㅣ 02)392-4231
이메일	somangsa77@hanmail.net
출판등록	1977년 5월 11일(제 11-17호)
ISBN	978-89-7510-412-1 03230
책값	뒤표지에 있습니다.

ⓒ 이 출판물은 저작권법에 의해 보호를 받는 저작물이므로
무단 전재와 복제를 할 수 없습니다.

도서출판 소망은 기독교문화 창달을 위해 좋은 책 만들기에 힘쓰고 있습니다.

오직 성령이 너희에게 임하시면 너희가 권능을 받고
예루살렘과 온 유대와 사마리아와 땅끝까지 이르러 내 증인이 되리라 (행 1:8)

CONTENTS

1부 십자가를 통해 시작되는 하나님 나라 · 13

1장 하나님 나라란 무엇인가? · 14

하나님 나라! 기독교 신앙의 핵심가치 · 17
교회가 힘을 잃어가고 있는 이유 · 18
하나님 나라, 하나님의 통치 · 22
구약에 예언된 하나님 나라 · 25
예수로 인해 이미 시작된 하나님 나라 · 29
성령 안에서 십자가를 통해 이루어지는 하나님 나라 · 36

2장 하나님 나라의 특징 · 43

하나님 나라에 관한 오해 · 45
하나님 나라의 특징적 요소 (1) – 의 – · 47
십자가로 하나님과의 막힌 담을 뚫어라 · 49
하나님 나라의 특징적 요소 (2) – 평강– · 56
하나님 나라의 특징적 요소 (3) – 희락– · 58
No Turning Back!(뒤돌아서지 않겠네!) · 59

2부 십자가를 통해 지속되는 하나님 나라 · 67

3장 하나님 나라를 지속시키는 신앙적 요소들 · 68

침노당하는 하나님 나라 · 69
회개를 통한 가치관의 전환 · 72
영적 나그네의 정체성을 회복하라! · 74
영적 나그네, 야곱! · 79
하나님 나라를 경험하는 신앙생활 · 82
세상을 이기는 힘! 하나님 나라의 경험! · 88

4장 고질적인 죄와 하나님 나라 · 96

그리스도인의 고질적인 죄: 내 고집대로 하나님을 신앙하는 죄 · 97
회개! 하나님 나라를 지속시키는 방법! · 99
회개와 십자가와의 관계 · 100
요나를 통해 보는 '회개를 통한 하나님 나라 회복'의 stereotype(전형적인 틀)! · 101
십자가를 통하여 사망에서 다시 생명으로! · 118

3부 십자가를 통해 풍요로워지는 하나님 나라 · 127

5장 '복음의 금강석'(롬 1:17)을 통해 누려지는 하나님 나라의 풍요로움 · 128

왜 복음의 금강석인가? · 129
십자가 안에서 풀어질 수 있는 '하나님의 의' · 132
'하나님 나라'라는 관계 안에서 성장하는 믿음 · 134
믿음 안에서 만들어지는 '전적인 신뢰' – 하나님 나라의 풍요로움 · 138
이제야 주님을 온전히 신뢰합니다! · 140

6장 팔복에 나타난 '제자도'를 통해 누려지는 하나님 나라의 풍요로움 · 145

제자란 누구인가? · 146
고장 난 인간을 고치시는 하나님! · 148
하나님 나라를 풍성히 경험케 하는 제자훈련 · 154
'제자도'의 관점에서 바라본 팔복 · 156
복되도다! 너희들이여! · 158
팔복에 내포된 십자가와 하나님 나라 · 162
주님만 따르는 제자, 하나님 나라의 풍요로움을 누리는 사람! · 178

7장 '내려놓음'을 통해 누려지는 하나님 나라의 풍요로움! · 184

내려놓음과 하나님 나라 · 186
내려놓음의 장소, '광야' · 190
광야에서 나를 다듬으시는 하나님 · 196
장차 완성될 하나님 나라를 기다리며! · 201

들어가는 말

'Back to the Basic!'

한국 교회를 회복시키고 건강하게 하며 다시금 하나님의 부흥을 경험케 하기 위하여 필자를 비롯한 많은 사역자들이 외치며 펼쳐 나가고 있는 운동입니다. '교회를 교회답게', '성도를 성도답게' 만들기 위해서는 기독교의 본질이라고 할 수 있는 기본으로 다시 돌아가 무너진 터전을 다시 쌓으며 그 안에서 재무장되어야 한다는 것입니다. 이러한 운동은 새로운 것이 아니라, 기독교 역사 안에서 교회가 어려울 때 마다 늘 행하여진 운동이었습니다. 실제로 교회가 어려울 때 이러한 운동이 가장 빛을 발하기는 하였지만, 기본에 충실해야 한다는 것은 교회가 어려울 때뿐만이 아니라, 역사가운데 존재하는 한 언제든지 늘 교회를 점검하여 건강하게 만들어 주는 중심 척도의 역할을 감당해야 합니다.

그렇다면 기독교의 본질 중에 본질은 무엇이라고 할 수 있을까요? 그것은 복음이라고 할 수 있으며, 그 복음의 핵심 요소 중에 하나가 '십자가'입니다. 죄로 인하여 죽게 된 사람을 구원할 수 있는 방법으로 하나님께서 인류에게 약속하신 유일한 구원의 방법이 십자가이기 때문입니다. 이에 필자는 한국 교회를 다시금 십자가복음 위에 세워놓기 위하여 나름대로 노력하고 있던 차에 '십자가복음 워크북 시리즈'를 출판하게 되었습니다. 이것은 필자가 2009년부터 시작하여 올해로 7회를 맞은 '십자가 컨퍼런스'를 기반으로, 올해부터는 일 년에 두 차례 씩 8가지의 주제를 가지고 4년을 주기로 '십자가 컨퍼런스'를 개최하기로 함에 따라, 올 초 새롭게 시작한 '십자가 컨퍼런스'의 주제였던 '십자가와 하나님 나라'의 내용을 중심으로 한 교재라고 할 수 있습니다.

십자가가 기독교의 중심주제이지만, 그 십자가를 설명하는 데 있어서는 한계가 있습니다. 그것은 누구든지 경험한 만큼 알 수 있고 또 전할 수 있다는 것이지요. 그러므로 필자가 '십자가 복음 워크북 시리즈'를 계속 출판하겠다는 것은, 십자가를 다 온전히 깨달았다기보다는, 기도하고 묵상하며 깨달은 것을 삶에서 먼저 경험하고 제자훈련을 통하여 점검하여 나름대로 검증된 내용을 출판하는 것이라 할 수 있습니다.

또한 십자가가 기독교의 핵심 주제이기에 그것은 성경에 나타난 또 다른 중요 주제와 깊은 관련을 가지고 있다는 사실을 더 깊게 알게 되었습니다. 즉 서로 연관성 있게 바라보며 그 관계를 풀어 성경을 해석할 때 십자가라는 주제는 그 주제대로, 그리고 십자가와 연관된 다른 핵심 주제도 그 주제대로 더 풍성히 의미를 알아갈 수 있다는 것도 알게 되었지요. 십자가가 기독교의 핵심이라면 그것을 중심으로 가장 중요한 진리들이 서로 연결될 수 있고 그 안에서 설명될 수 있어야 하지요. 그리고 이렇게 십자가 중심으로 성경의 다른 핵심 주제들을 연관시켜 의미를 해석해 나가는 방식이 십자가 중심으로 성경을 보고, 또 십자가 중심으로 신앙생활을 하는 주된 방식이 될 수 있다는 것도 알게 되었습니다. 앞으로 출판될 '십자가 복음 워크북 시리즈'가 바로 그러한 기독교의 핵심 주제들과 십자가를 연결시켜 기술한 저서들입니다.

본 저서는 성경에 핵심 주제 중에 하나인 '하나님 나라'를 십자가와 연결시켜 그 중심 의미를 해석해 보았습니다. 이제까지 각 주제에 대한 개별적인 신학 작업들은 많이 있었지만, 십자가 중심으로 하나님 나라라는 주제를 연결시키고 그 안에서 의미를 해석한 작업은 많지 않았던 것 같습니다. 복음적인 관점에서 보자면, '십자가'는 사도들에 의하여 만들어진 '케리그마'의 핵심적인 요소이고 오늘까지도 교회에서 복음의 핵심적인 요소로 자리매김 하고 있습니다. 그런데 '하나님 나라'는 신약성경의 복음서에 주로 등장하는 주제로서 예수께서 선포하신 복음의 핵심 내용입니다. 예수님이 공생애 주로 전하신 복음의 핵심이 '하나님 나라'라고 할 수 있습니다. 그렇다면 오늘

날 교회는 이들 중에서 어느 하나만을 강조하고 받아 들여야 할까요?

그렇지 않습니다. 이 둘은 서로 떨어진 각각이 아니라, 연결되어진 하나라고 할 수 있습니다. 본 저서가 그것을 증명하며 그 안에서 어떠한 연결점이 있고 어떻게 하나가 될 수 있는지를 설명하고 있습니다. 중요한 결론을 여기서 미리 말하자면, 십자가와 하나님 나라는 각자 별개의 주제가 아니라, 십자가를 통하여 그리스도인들은 예수께서 선포하신 하나님 나라를 경험하고 풍성히 누리며 앞으로 다가올 완성된 하나님 나라를 기대한다는 것입니다. 이렇게 볼 때, 십자가가 하나님 나라를 위하여 얼마나 중요한 내용이 되는지 알 수 있고, 또한 십자가를 통하여 현재적으로 경험할 수 있는 하나님 나라는 어떠한 것이며 또 어떻게 구체적으로 경험하고 누릴 수 있는지도 알 수 있습니다.

하나님 나라는 죽어서 가는 나라가 아니라, 이 땅에서 누리다가 가는 나라입니다. 그것은 예수님께서 가르쳐주신 기도에서도 나옵니다. "나라가 임하시오며" 이 내용은 현재 우리의 삶에 하나님 나라가 늘 임하게 해 달라고 기도하라는 예수님의 가르침입니다. 그런데 우리는 신앙의 삶을 살면서 얼마나 하나님 나라가 우리의 삶 속에, 그리고 이 땅에 임하기를 간절히 기도하고 기대했는지 돌아보아야 합니다. 이것이 잘 되지 않으면, 구원은 받았어도 하나님의 백성답게 살지 못합니다. 하나님 백성은 이 땅에서도 하나님 나라를 누리며 살아가는 자들이기 때문입니다. 그런데 그 하나님 나라가 실제가 되지 않으면 이 세상 사람들과 다를 바가 없게 되는 것이지요. 오늘 한국 교회는 바로 기독교의 핵심 주제 중에 하나인 하나님 나라를 회복하고 풍성히 누려야 합니다. 그것이 세상을 이기며 변화시킬 수 있는 힘이요 방법입니다. 또한 '교회를 교회답게' '성도를 성도답게' 만드는 비결이기도 합니다.

그런데 이 땅에서 누릴 수 있는 현재적 하나님 나라는 십자가를 통하여 가능합니다. 그렇다면 십자가를 어떻게 사용함으로, 또는 누림으로 하나님 나라의 경험과 풍요로움이 가능할까요? 필자는 본 저서를 통하여 그것을 고민하고 연구한 뒤 내 삶에서와 제자훈련에서 먼저 실천하고 그 결과들을 기술해 놓았습니다. 모쪼록 본 저서가 한국의 그리스도인들로 하여금 잃어버린 하나님 나라를 회복케 하고 경험케 하며 지속적으로 풍요롭게 누리게 하여 다가올 완성된 하나님 나라를 기대하며 살아갈 수 있도록 만들고, 그 안에서 건강한 그리스도인으로서 세상을 변화시키는 놀라운 역사들이 이 땅에서 재현되기를 기원합니다.

1부

십자가를 통해 시작되는
하나님 나라

1장

하나님 나라란 무엇인가?

마태복음 4:17

이때부터 예수께서 비로소 전파하여 이르시되 회개하라 천국이 가까이 왔느니라 하시더라

'하나님 나라'라는 주제를 소개하면서, 이 주제를 깊게 다루게 된 이유와 이것이 얼마나 중요한 내용인지에 대해서 먼저 살펴보고자 합니다. 많은 그리스도인들이 '하나님 나라'의 중요성에 대해서는 알고 있지만 오해하고 있는 부분이 있습니다. 이는 하나님 나라라는 주제를 어떤 선교 단체나 특정한 복음주의적인 단체에서만 중점적으로 외치는 것이라고 생각하는 것이지요. 그러나 '하나님 나라'라는 주제는 선교 단체 또는 특정한 복음주의 단체에서만 외쳐야 하는 주제가 아닙니다. 이는 기독교가 외쳐야 할 주제이고, 교회가 외쳐야 할 내용이며, 예수 그리스도를 믿는 모든 자가 누려야 할 핵심가치이기 때문입니다.

한 번은 복음서를 읽어가면서 '하나님 나라', '천국'이라는 단어에 밑줄을 긋기 시작했습니다. 그랬더니 복음서의 많은 내용이 '하나님 나라', '천국'라는 단어로 채워져 있음을 알게 되었습니다. 예수께서도 하나님 나라의 복음을 위해서 이 땅에 보내심을 받았다라고 말씀하셨습니다(눅 4:43). 그러나 역설적인 것은, 오늘 날 교회가 '하나님 나라'라는 주제를 잃어버렸거나 아니면 그다지 강조하지 않고 있다는 사실입니다. 만일 우리 안에서 하나님 나라에 대한 이해가 명확해지지 않고, 하나님 나라가 누려지지 못한다면 예수님이 이 땅에 오신 목적과 우리의 신앙생활은 별개가 될 수도 있음을 알아야 합니다.

제가 이제까지 성도들을 훈련시키고 교제하면서 알게 된 것 중에 하나는, 복음을 강조하고 복음중심으로 살아가고자 하는 사람들이 개인주의적인 성향이 지나쳐 교회 안에서도 화합을 잘하지 못한다는 사실입니다. 물론 그들에게 복음에 관한 깊이 있는 통찰력은 있을 수 있지만, 그것을 중심으로 하나 되게 하는데 어려움이 있다는 것이지요. 그런데 개인주의적인 성향을 버리지 못한다는 것은 복음을 머리로는 이해하였지만, 궁극적으로 십자가에 죽지 못했다는 것을 나타내 줍니다. 십자가의 복음은 궁극적으로 하나님 나라 복음과 같이 가야 합니다. 그렇게 되어질 때, 하나님 나라라는 공동체 안에서 그 일원으로 어떻게 하나님이 이 땅을 하나님의 나라로 만들어 가실지에 대한 기대를 가지고 복음 안에서 지속적으로 성장하는 사람이 될 수 있습니다.

저는 이 부분을 가지고 참 많이 고민을 하며 아파했습니다. '왜 저 사람은 복음적인데 이기적일까?', '왜 저 사람은 복음에 대해서 굉장히 날카롭고 지식과 능력이 있는데 함께 가지 못할까?' 이런 생각들을 자주 했습니다. 그리고 이런 모습들이 제 안에도 있다는 것을 발견하였습니다. 그러던 중에 깨달은 것이 있었습니다. 성경은 복음서를 통하여 예수께서 외치신 '하나님 나라' 복음을 통하여 그리스도인들이 달려가야 할 궁극적인 목표를 갖게 하셨고, 그것을 이룰 수 있는 방법으로서 예수님의 죽음과 부활로 완성되어진 케리그마의 복음을 사도들을 통하여 선포케 하심으로 '하나님 나라'가 하나의 목표만이 아니라 이 땅에서도 경험하고 누릴 수 있는 나라라는 것을 가르쳐 주셨는데, 저는 이제까지 십자가 복음 하나만 붙잡고 달려왔던 것입니다. 그것이 잘못된 것은 아니지만, 자연히 하나님 나라의 복음에 소홀해 지며 공동체성이 약화될 수밖에 없었다는 것을 알게 된 것입니다. 십자가 복음이 하나님 나라와 연결되지 않으면 결국은 한쪽으로 치우칠 수밖에 없음을 인지하게 된 것입니다. 물론 십자가 복음만이라도 온전히 경험되어진다면 개인주의적인 성향은 나타나지 않겠지만, 연약한 인간에게 죽어짐으로 얻을 수 있는 공동체로서의 하나님 나라가 강조될 때 더 균형 있는 모습으로 나갈 수 있다는 것이지요.

그렇다면 십자가와 하나님 나라는 어떻게 연결될 수 있을까요?

많은 그리스도인들은 '십자가와 부활'이 하나의 사건이고 또 죽음으로써 살아날 수 있다는 연결고리를 강조하며 그것이 복음의 핵심적인 요소라는 것이라고 알아왔지만, 도대체 십자가와 하나님 나라는 어떻게 연결이 되는가에 대해서는 거의 들어보지 못했을 것입니다. 결론부터 말씀드리면 십자가 없이는 하나님 나라를 누리지 못합니다. 십자가는 하나님 나라로 들어가게 하고, 하나님 나라를 누리게 하는 통로입니다. 하나님은 예수 그리스도의 십자가와 부활을 통해 하나님의 나라를 온전히 시작하셨고, 풍성히 누려질 수 있는 길을 준비하셨습니다. 이번 장에서는 십자가와 하나님 나라에 대한 본격적인 이야기를 나누기에 앞서서 하나님 나라가 무엇인지에 대한 개념을 정리하고자 합니다.

하나님 나라! 기독교 신앙의 핵심가치

성경을 자세히 보고, 여러 가지 찬양을 많이 듣다보면, 그 안에 알게 모르게 많이 들어가 있는 어구, 또는 단어가 있는데 그것이 바로 '하나님 나라' 또는 '천국'입니다. 이 단어들은 결코 생소하거나 새로운 것이 아닙니다. 이러한 단어가 생소하거나 새롭게 느껴지는 이유는 그만큼 한국교회가 '하나님 나라'라는 주제를 외치지 못했기 때문이고 누리지 못했기 때문이라고 생각합니다. 또한 그러한 현상은 '하나님 나라'가 죽어서만 가는 나라이며 이 땅에서는 그리스도인들의 삶과 상관없이 달려가야 할 하나의 목표로만 제시한 결과이기도 합니다. 그러나 분명한 것은 하나님 나라는 죽어서만 가는 나라가 아니라, 이 땅에서 누리다 가는 나라입니다. 그래서 우리가 현재 이 땅에서 누리는 하나님 나라를 '현재적 하나님 나라'라고 말할 수 있습니다.

이러한 사실을 확신할 수 있는 객관적인 내용은 예수께서 이 땅에 오셨을 때 처음으로 외치신 메시지가 바로 하나님 나라이기 때문입니다. 마태복음 4장 17절에 보면, 예수님의 공생애 첫 번째 메시지가 나오는데, "회개하라 천국이 가까웠느니라"는 말씀이셨습니다. 뿐만 아니라, 제자들에게 가르쳐 주신 기도의 내용에서도 "아버지의 나라가 임하시오며…"라고 하나님 나라에 대해서 매번 기도할 것을 강조하셨습니다. 다시 말해, 하나님 나라는 그만큼 기독교에서 오래되었고 전통적이며 핵심적인 주제라는 사실입니다. 따라서 오늘날 그리스도인들은 예수께서 공생애를 시작하실 때 처음으로 외치신 하나님 나라가 궁극적으로 무엇인지 알아야 하고, 그것을 회복하여 누리고 외쳐야 합니다.

교회가 힘을 잃어가고 있는 이유

전도학을 전공했기에 한국 교회들을 방문할 기회들이 종종 주어집니다. 그런데 한국교회를 방문하면서 느끼는 안타까운 점들이 있습니다. 첫째, 교회는 다니지만 구원의 확신이 없이 교회만 왔다 갔다 하는 분들이 정말 많다는 사실입니다. 그리고 더욱 안타까운 것은 구원의 확신은 있지만, 구원 받은 자로서 어떤 기쁨도 감격도 누리지 못하고 단지 구원받았기 때문에 죽으면 가는 나라가 하나님 나라라는 생각을 갖고 있는 그리스도인들도 많다는 것입니다. 이러한 그리스도인들에게 나타나는 가장 큰 특징은 교회는 출석하지만, 신앙생활을 하면서 힘과 능력이 없다는 것입니다. 즉, 말씀은 읽고 기도는 하지만 역사가 없고 세상과 크게 다를 바가 없이 살아갑니다. 더 나아가, 요즈음 신문이나 여러 매스컴의 자료를 보면 세상이 교회들을 걱정하기도 하고 비난하는 모습을 봅니다. 이러한 모습은 결국 한국교회가 맞이하고 있는 위기의 한 부분이라고 볼 수 있습니다.

왜 교회가 이러한 어려운 일을 당해야 할까요? 궁극적으로는 교회가 가져야 할 힘과 능력을 잃었기 때문입니다. 여러분! 교회 안에서 단순히 어떤 강력한 성령의 은사를 받는 것만이 능력이 아닙니다. 물론, 성령의 은사를 절대 부정하는 것이 아닙니다. 반드시 하나님은 성령의 역사하심을 통해 강력한 은사들을 허락하시기도 하십니다. 그러나 중요한 것은 단순히 눈에 보이는 초월적인 은사만을 능력으로 생각하고, 거기에만 매달리도록 하는 교회의 모습도 많이 보게 됩니다. 그러나 그러한 은사가 이 땅을 능력 있게 살아가게 해주지 않습니다. 은사는 과시하는데 그 목적이 있지 않고 교회를 세우고 하나 되게 하는데 그 목적이 있습니다.

교회가 가지고 있어야 할 궁극적인 능력은 무엇입니까? 무엇이 교회로 하여금 세상을 변화시키고 바꿀 수 있도록 해줍니까? 그것은 세상에 존재해 있지만 세상과 다른 삶을 살아가는데 있습니다. 즉, 그리스도인들은 비록 천국의 시민권을 가지고 있는 자들이지만, 하나님의 부르심이 있을 때까지 이 땅에 살아가는 자들입니다. 그들이 비록 이 땅에서 살아가더라도, 이 땅에서 살아가는 세상 사람들과 다른 삶을 살아갈 때 세상이 그리스도인들을 두려워하고 달리보기 시작합니다. 그것이 세상을 변화시킬 수 있는 궁극적인 능력인 것이지요. 그것이 어떻게 가능합니까? 비록 이 땅에서 살고는 있지만 그리스도인들은 하나님 나라의 소속으로 바뀌어졌기 때문에 가능합니다. 그러므로 그리스도인들이 이 땅에서 하나님 나라를 누리며 하나님 나라의 시민처럼 살아갈 때, 그것은 그리스도인들의 힘과 능력이 되는 것입니다. 다시 말해, 이 땅에 살지라도 세속적인 풍습을 따르지 않고, 마치 다른 세상 사람처럼 사는 것, 그렇게 의연하게 살아갈 때 그 모습을 통해 세상은 긴장하기 시작합니다. 세상은 그렇게 사는 사람들을 두려워하기 시작합니다.

그렇다면 어떻게 해야 이 세상 가운데 살지만, 하나님 나라의 시민권자로서 세상과 다르게 살아갈 수 있습니까? 궁극적으로 그 힘은 하나님을 만나며 하나님의 통치 안에서 살아가는 데에서 온다고 할 수 있습니다. '나'라는 존재 자체는 결코 혼자 힘으로 아무것도 할 수 없는 연약한 존재이고 한계 있는 존재입니다. 그렇기 때문에 하나님을 지속적으로 만나면서 그 통치 안으로 들어가게 될 때, 하나님 나라를 경험하며 하나님을 닮아가게 되고 자연스레 주님이 내 안에 사심으로 그 분의 권세가 나의 권세가 되는 것입니다. 한국교회가 이러한 하나님과의 만남을 통한 하나님의 통치 안으로 들어가는 하나님 나라의 경험이 사라져가고 있기에 힘을 잃어가는 것 같아 많이 안타깝습니다.

예전에 많이 불렀던 찬양 중에 '예수님 찬양'이라는 곡이 있습니다. 가사 중 "예수님 권세, 예수님 권세, 예수님 권세 내 권세"라는 구절이 있지요. 이것은 사실 굉장한 선포의 찬양입니다. 예수님의 권세와 그 능력이 내 권세 내 능력이라는 믿음의 선포입니다. 이 선포는 바로 내가 예수님과의 지속적인 만남을 통하여 하나가 될 때, 그분의 권세와 능력이 나의 권세와 능력이 된다는 것입니다.

예수님이 이 땅 가운데 오신 가장 중요한 이유는 우리를 구원하시고 그 일을 통하여 하나님 나라를 세우시고 확장시켜 나가시기 위함입니다. 그러나 그동안 실제적으로 하나님 나라의 메시지가 잘 선포되지 않았기 때문에 그 중요성을 놓치고, 단지 구원받고 죽어서만 가는 나라로 하나님 나라가 오해되기도 하였습니다.

하나님 나라, 하나님의 통치

이제 우리는 하나님 나라에 대해 명확한 인식이 필요합니다. 왜냐하면 그리스도인들은 각자 자기가 생각하는 하나님 나라가 있기 때문입니다. 예를 들어 어떤 사람은 '하나님 나라 임하소서!' 하면서 방언을 구하고, 어떤 사람은 '하나님 나라 임하소서!' 하면서 돈을 구하고, 또 어떤 사람은 '하나님 나라 임하소서!' 하면서 뒤로 넘어가는 초월적인 역사가 일어나기를 구합니다. 즉, 하나님 나라의 본질은 모른 채 각자 자기가 구하고 싶은 부분적인 것을 구하면서 하나님 나라라고하기 때문에 온전한 하나님 나라를 경험하지 못합니다. 그러나 온전한 하나님 나라를 구할 때, 앞서 말한 부분적인 것들은 선물처럼 자연적으로 따라오게 된다는 사실을 기억해야 합니다.

사실 '이것이 하나님 나라입니다.'라고 정의내리지 않았기 때문이지, 이미 우리 그리스도인들은 각자가 경험한 은혜 안에서 분명히 '하나님 나라'를 경험한 일들이 있을 것입니다. 다만, '하나님 나라'라는 표현이 익숙하지 않아서 흔히 '은혜 받았다'라고 표현할 수 있습니다. 그러므로 이 글의 내용을 통하여 우리들이 지금까지 경험했던 은혜들이 다시 한 번 '하나님 나라'라는 큰 틀 안에서 정리되어지길 원합니다. 만일 하나님 나라에 대해서 잘못 인식했거나, 부분적인 것들만 구하여서 온전히 하나님 나라를 경험하지 못하였다면 성령의 조명하심 속에서 온전한 하나님 나라를 바라볼 수 있길 소망합니다.

그러면 하나님의 나라는 어떻게 정의할 수 있습니까? 많은 사람들이 하나님 나라를 영토나 영역의 개념으로 생각합니다. 예를 들어, 과거에 대영제국이라고 했을 때, 대영제국이 어디까지인가 라고 물어보면 이 끝에서 저 끝까지라고 이야기를 합니다. 하지만, '하나님 나라는 어디에 있고, 얼마나 큽니까?'라는 질문을 가지고 하나님 나라가 무엇인지에 대해 접근하면 오히려 어려워질 수 있습니다. 왜냐하면 하나님 나라는 눈에 보이지 않고 만져지지 않기 때문입니다. 이러한 하나님 나라의 특징과 관련하여 제가 말씀드리고 싶은 점은 하나님 나라는 영토나 영역의 개념이 아니라는 것입니다.

구약성경에서는 '나라'를 의미하는 단어로 '말쿠트(תוּכְלַמ)'라는 단어가 주로 사용되었습니다. 신약성경에서는 '바셀레이아(βασλεια)'라는 단어가 주로 사용되었지요. '말쿠트'와 '바셀레이아'는 일반적인 나라가 필요로 하는 세 가지 요소인 국민, 영토, 주권을 강조합니다. 그런데 그 앞에 '하나님'이라는 단어가 붙게 되어 '하나님 나라'로 쓰이면, 주권의 요소가 강조됩니다. 즉, '하나님 나라'는 하나님의 주권을 강조하는 표현으로서 '하나님의 통치', '하나님의 지배', '하나님의 다스림'으로 해석됩니다. 이렇게 볼 때, '하나님 나라'는 영토와 영역의 개념을 초월하는 개념입니다. 그러므로 주기도문에서 '하나님 나라 임하소서'라는 기도는 '하나님의 통치가 이곳에 있어지기를 원합니다'라는 의미라고 할 수 있습니다. 이와 같은 하나님 나라의 개념을 이해할 때, 성경에서 '하나님 나라가 임했다'고 하는 내용이 풀어지기 시작합니다.

그러나 '하나님 나라'를 '하나님의 통치'라는 개념으로 이해하기 위해서 한 가지 전제되어야 할 부분이 있습니다. 그 전제는 지금까지 '하나님의 통치'가 이 땅에 제대로 이루어지지 않았다는 것입니다. 왜 그렇습니까? 이 땅을 사로잡고 통치하고 있는 분명한 실체인 사단이 있기 때문입니다. 그러므로 만약에 하나님이 다시 이 땅을 다스리겠다고 하신다면, 거기에는 영적인 전투가 암시되어 있다고 볼 수 있습니다. 이러한 차원에서 볼 때, 예수께서 성령의 힘으로 귀신을 내어 쫓으셨다는 것은 사단의 통치가 끝났다는 것을 의미합니다. 사단이 지배하던 그 시간이 끝났고 이제는 성령 안에서 하나님이 그 사람을 다스리기 시작하셨기 때문에 하나님 나라가 그 안에서 시작되었다는 것을 의미합니다. 우리가 하나님의 통치와 다스림 가운데 있으면, 이것이 현재적으로 경험되어지는 하나님 나라인 것입니다. 놀라운 것은, 하나님의 지배 안에 들어가면 한 편으로는 하나님 나라를 깊이 있게 누리게 되고, 다른 한편으로는 또 다른 사람들에게 하나님 나라를 경험하게 하여 하나님의 통치를 확장해 갈 수 있습니다. 그리고 이 과정을 통해 그리스도인들은 하나님의 사람으로 온전히 세워지게 됩니다.

여러분! 이제 "하나님 나라가 이 땅에 임하시옵소서!"라는 기도가 우리의 삶에서 실제적으로 매일 올려 지기를 원합니다. 그리고 '하나님 임재 하시옵소서! 하나님의 주권을 인정합니다!'라는 결단의 기도 내용을 통하여 매일의 삶에서 하나님의 주권을 인정하고, 그 분 앞에 굴복하는 삶을 사십시오! 그때 하나님 나라는 우리에게 지속적으로 경험케 될 것이며 확장되어 갈 것입니다. 하나님의 나라는 자신의 삶을 내려놓고 하나님께 온전히 엎드린 한 사람을 통해 시작되고 확장됩니다. 그 한 사람이 내가 되기를 기대하고 소망하십시오!

구약에 예언된 하나님 나라

하나님 나라는 예수님이 이 땅에 오시면서 시작되었지만, 하나님 나라에 대한 예언은 이미 구약 때부터 있었습니다. 그 대표적인 구절이 이사야 61장 1절에서 2절의 말씀이라고 할 수 있습니다.

> "주 여호와의 영이 내게 내리셨으니 이는 여호와께서 내게 기름을 부으사 가난한 자에게 아름다운 소식을 전하게 하려 하심이라 나를 보내사 마음이 상한 자를 고치며 포로된 자에게 자유를, 갇힌 자에게 놓임을 선포하며 여호와의 은혜의 해와 우리 하나님의 보복의 날을 선포하여 모든 슬픈 자를 위로하되"

유대인들에게 있어서, 그리고 특별히 예수님이 사역하실 당시에 이스라엘 사람들에게 있어서 이 말씀은 '메시아적 희년의 통치'로 이해되었습니다. 이스라엘에게는 희년이라는 제도가 있었는데, 희년은 이스라엘에게 있어서 모든 것이 원위치로 돌아오는 회복의 해입니다. 그런데 아무리 인간이 이러한 제도를 만들어놓고 희년을 지키려고 해도 돌이키지 못하는 게 있습니다. 땅은 다시 되찾아 줄 수 있고 재물도 되찾아 줄 수 있지만, 상처 입은 사람들과 이미 죽은 사람들은 희년이라고 할지라도 다시 회복되고 살아날 수 없습니다. 하지만 유대인들은 하나님이 약속하신 메시아가 오시면 진정한 희년이 이 땅에 도래하는데, 그 때는 모든 것이 회복되는 역사가 일어난다고 믿고 있었습니다. 메시아가 오시는 진정한 희년이 되면 그때는 이스라엘의 진정한 회복의 날이 될 것이라고 믿고 있었던 것입니다. 그리고 유대인들은 이러한 진정한 희년을 하나님 나라와 결부시켜서 생각하고 있었습니다. 하나님 나라라고 하는 것은 하나님이 보내신 메시아가 오셔서 이 땅을 통치하시는 나라이기 때문입니다.

이러한 이스라엘이 생각한 새로운 하나님 나라의 개념은 구약의 다니엘서 2장에 정확히 기록되어 있습니다. 어느 날 느부갓네살 왕이 기가 막힌 위대한 꿈을 꿨습니다. 그런데 그 꿈의 내용을 잊어버렸습니다. 왕은 발을 동동거리기 시작했습니다. 자신이 뭔가 중요한 꿈을 꿨는데, 그 꿈이 나라의 국운과도 연결되어 있는 것 같은데, 어떤 꿈을 꿨는지 잊어버린 것입니다. 그러다가 왕이 꾼 꿈을 맞추고 그 꿈을 해석하는 자에게 큰 상을 내리겠다는 방을 붙였습니다. 그런데 그 꿈이 하나님이 주신 계시였기 때문에 하나님은 다니엘에게 지혜를 주셔서 그 꿈을 알게 하셨습니다. 다니엘이 왕에게 고한 꿈의 내용은 이렇습니다. 한 사람이 서 있는데 머리는 금으로 되어있고 가슴과 양팔은 은으로 되어 있습니다. 배와 넓적다리는 놋으로 되어있고 종아리와 발은 쇠로 되어있습니다. 그리고 발가락 사이는 부분적으로 흙으로 되어 있습니다. 왕은 다니엘의 이야기를 듣고 너무나 놀랐습니다. 자신이 꿈을 꾼 내용과 동일했기 때문입니다.

그리고 나서 다니엘은 하나님이 주신 지혜로 꿈을 해석하기 시작합니다. 그 사람의 네 개의 형체(머리, 가슴과 양팔, 배와 넓적다리, 종아리와 발)는 앞으로 이 세상을 주도할 대표적인 나라를 의미합니다. 머리가 '금'이라는 것은 지금 이 시대를 지배하고 있는 '바벨론'을 의미합니다. '은'으로 만들어진 가슴과 양팔은 바벨론 이후 시대를 주도할 '메대와 바사'를 의미합니다. 그리고 배와 넓적다리가 '놋'으로 만들어졌다고 하는 것은 메대와 바사 이후 시대를 주도할 '헬라 제국'을 의미합니다. 마지막으로, 종아리와 발이 '쇠'로 되어 있고, 발가락 사이가 흙으로 되어 있는 것은 헬라시대 이후 시대를 주도할 '로마'를 의미합니다. 이 예언대로 역사는 그렇게 흘러왔습니다. 바벨론, 메대와 바사, 헬라, 그리고 로마는 이 세상을 주름잡는 나라였습니다. 그런데 꿈이 거기에서 끝나지 않았습니다. 어디선가 돌 하나가 날아와서 그 상을 쳤는데 상이 우두두둑 다 무너져 버렸습니다. 이게 도대체 무슨 일일까요? 이 꿈은 세상의 아무리 힘이 있는 나라라고 할지라도 영원하지 않음을 이야기하고 있습니다. 아무리 영원할 것처럼 보이는 나라라고 할지라도 그 나라의 운명은 돌 하나가 날아와서 쳐버리면 무너질 수 있다는 것입니다. 다니엘은 하나님께서 깨닫게 해주신 내용을 가지고 왕에게 이렇게 전하였습니다.

> "이 여러 왕들의 시대에 하늘의 하나님이 한 나라를 세우시리니 이것은 영원히 망하지도 아니할 것이요 그 국권이 다른 백성에게로 돌아가지도 아니할 것이요 도리어 이 모든 나라를 쳐서 멸망시키고 영원히 설 것이라 손대지 아니한 돌이 산에서 나와서 쇠와 놋과 진흙과 은과 금을 부서뜨린 것을 왕께서 보신 것은 크신 하나님이 장래 일을 왕께 알게 하신 것이라 이 꿈은 참되고 이 해석은 확실하니이다 하니"(단 2:44-45)

하나님은 이방의 왕 느부갓네살의 꿈을 통해서 하나님 나라가 이 땅에 세워질 것을 예고하셨습니다. 하나님 나라는 이 세상의 나라와 다른 특징을 가지고 있습니다. 아무리 한 시대를 주름잡아도 인간이 세운 모든 나라는 언젠가 무너집니다. 하지만 하나님 나라는 무너지지 않고 쇠하지 않으며 영원합니다. 언젠가 하나님이 세우신 새로운 영원한 나라가 도래할 것입니다. 이것이 다니엘의 예언이었고, 이 예언은 이스라엘 사람들에게 지속적으로 회자 되었습니다. 그리고 지금 어려운 시기를 보내고 있는 이스라엘 사람들에게 하나님 나라에 대한 기대감이 절정에 이르게 되었습니다. 그들은 하나님 나라가 도대체 어떤 나라일까 생각을 하다가 하나님이 이사야 선지자에게 예언하게 하신 구절을 보면서 '주의 영이 임해서 메시아가 오시면 이러한 회복이 있겠구나!'라고 해석한 것입니다.

예수로 인해 이미 시작된 하나님 나라

누가복음 4장 14절에서 21절의 말씀을 보면, 예수님은 메시아적 희년의 통치가 자신의 사역을 통해서 시작되었음을 강조하시는 것을 알 수 있습니다. 누가복음의 이 말씀은 이사야 61장 1절에서 2절의 말씀의 내용이 그대로 인용되어 있습니다.

> "예수께서 성령의 능력으로 갈릴리에 돌아가시니 그 소문이 사방에 퍼졌고 친히 그 여러 회당에서 가르치시매 뭇 사람에게 칭송을 받으시더라 예수께서 그 자라나신 곳 나사렛에 이르사 안식일에 늘 하시던 대로 회당에 들어가사 성경을 읽으려고 서시매 선지

자 이사야의 글을 드리거늘 책을 펴서 이렇게 기록된 데를 찾으시니 곧 주의 성령이 내게 임하셨으니 이는 가난한 자에게 복음을 전하게 하시려고 내게 기름을 부으시고 나를 보내사 포로 된 자에게 자유를, 눈 먼 자에게 다시 보게 함을 전파하며 눌린 자를 자유롭게 하고 주의 은혜의 해를 전파하게 하려 하심이라 하였더라 책을 덮어 그 맡은 자에게 주시고 앉으시니 회당에 있는 자들이 다 주목하여 보더라 이에 예수께서 그들에게 말씀하시되 이 글이 오늘 너희 귀에 응하였느니라 하시니"(눅 4: 14-21)

그런데 누가복음에는 이사야 61장에 나타난 두 부분을 빼놓고 있습니다. 첫 번째는 "마음이 상한 자를 고치며"라는 말씀입니다. 두 번째는 "보복의 날"이라는 말씀이 빠져있습니다. 예수님이 이사야 61장 1-2절을 인용하시면서 이 두 부분을 왜 빼놓으셨을까요? 저는 여기에 예수님의 의도가 있다고 생각합니다.

먼저, 메시아적 희년의 통치가 시작되기 위해서는 한 가지 조건이 있었습니다. 그것은 바로 주의 영이 임하셔서 기름을 부으셔야 한다는 것입니다. 이 조건이 충족되어져야 메시아적 희년이 도래합니다. 그렇다면 예수님에게는 언제 주의 영이 임하셔서 주의 영으로부터 기름 부음을 받으셨습니까? 그것은 바로 세례 요한으로부터 세례를 받으실 때 일어났습니다.

"백성이 다 세례를 받을새 예수도 세례를 받으시고 기도하실 때에 하늘이 열리며 성령이 비둘기 같은 형체로 그의 위에 강림하시더니 하늘로부터 소리가 나기를 너는 내 사랑하는 아들이라 내가 너를 기뻐하노라 하시니라"(눅 3:21-22)

왜 하나님이신 예수님이 이 땅에 오셔서 공생애를 시작하시는데 굳이 세례 요한에게 세례를 받으셔야만 했습니까? 어떤 학자들은 이 부분을 해석하면서 예수님의 겸손을 나타낸다고 이야기합니다. 물론 그 해석도 옳습니다. 하지만 구속사적 입장에서 이 구절을 해석하자면, 이 말씀은 이사야 61장 1-2절의 성취라고 볼 수 있습니다. 세례 요한으로부터 받으신 세례는 하나의 표식이지만, 중요한 것은 이 세례를 통해 성령이 예수님 위에 강림하시면서 기름을 부으신 것입니다. 그리고 예수님은 본격적으로 하나님 나라를 선포하시는 사역을 하시게 되었습니다.

그렇다면 예수님은 이사야 61장 1-2절을 인용하시면서 왜 두 부분을 빼놓으셨을까요? 그것은 예수님 자신이 세례를 받고 성령의 기름 부으심을 받아서 이제부터 행하시는 당신의 사역이 메시아적 희년의 관점에서 이해되어져야 됨을 강하게 시사하고 있는 것 같습니다. 특히 예수님이 이사야 61장 1절의 '마음이 상한 자를 고치신다'는 부분을 빼놓으시고, 누가복음 4장 18절에서 '눌린 자를 자유케 하신다'는 부분을 새롭게 넣으신 이유는 메시아적 희년에 걸맞은 표현으로 바꾸셨다고 볼 수 있습니다. '마음이 상한 자를 고친다'라고 하는 것보다 '눌린 자를 자유케 한다'는 표현이 범위가 더 넓기 때문입니다. 그리고 이것이야말로 메시아가 오셔야만 할 수 있는 일이기 때문입니다.

예수님이 이사야 61장 1-2절 말씀을 이곳에 인용하신 이유는 '너희들이 생각했던 하나님의 나라가 이제 시작되었고 그 시작은 나를 통해서 이루어졌다'는 것을 전하시기 위함이었습니다. 예수님의 사역을 통해서 메시아적 희년이 온 이스라엘에게 누려질 것이라는 것입니다. 이스라엘 사람들은 희년을 기다리고 기다렸습니다. 왜 그렇습니까? 희년에는 내가 잃어버렸던 땅도 되찾고, 재산도 되찾고, 모든 것을 회복할 수 있는 날이기 때문입니다. 그런데 메시아가 오셔서 이루어주실 희년은 인간의 힘으로 회복할 수 없는 것까지도 모두 회복할 수 있는 희년입니다. 그래서 메시아적 희년의 관점에서 예수님이 이 구절을 해석하신 것입니다. 그래서 예수님은 '마음이 상한 자를 고친다'라는 부분을 빼놓으시고 메시아가 할 수 있는 더 광대하고 역동적이라 할 수 있는 '눌린 자를 자유케 한다'는 표현을 넣으신 것 같습니다.

그리고 예수님이 빼놓으신 또 한 군데 구절이 있습니다. 그것은 이사야 61장 2절의 '보복의 날'입니다. 유대인들에게는 그들을 지배하던 민족들을 향한 피해의식이 있습니다. 그래서 그들 가운데는 '언젠가 우리 메시아가 오시면 너희들은 하나님의 보복 가운데 다 죽을 거야!'라는 생각이 있었습니다. 실제로 하나님이 메시아를 보내서 이 땅을 통치하실 때 심판이 있을 것입니다. 그런데 그 심판은 완성될 하나님 나라가 이 땅에 도래할 때 있어질 일입니다. 그러므로 현재적 하나님 나라의 개념에서 '보복'은 미래의 일이라고 할 수 있습니다. 오히려 현재적 하나님 나라에서는 '하나님의 은혜 안에서 회복'되는 것이 중요하다고 할 수 있습니다. 그래서 예수님은 이 땅에서의 메시아적 하나님의 나라는 보복을 하는 나라가 아니라 은혜로 회복하는 나라임을 강조하고 계십니다. 예수님이 보복의 날을 빼놓으신 것은 심판이 없다는 이야기가 아니라, 심판은 있지만 지금 당장 이루어지는 하나님 나라는 은혜의 성격임을 나타내기 위함이지요. 그렇기 때문에 예수님은 이사야 61장 1-2절을 인용하시면서 지금 현재적으로 이루어질 하나님 나라의 특징이 어떠한지를 다시 재해석해서 풀어주신 것입니다.

여러분 저는 이 구절을 여러분이 그냥 읽지 않기를 원합니다. 왜냐하면 이 구절이 하나님 나라가 임할 때 나타나는 특징이기 때문입니다. 그것은 바로 포로된 자가 자유함을 얻게 되고, 눈먼 자가 다시 보게 되며, 눌린 자가 자유하게 되고, 주의 은혜의 해가 전파되는 것입니다. 오늘날 얼마나 많은 사람들이 자신도 알지 못하는 사이에 무엇인가에 포로가 되어 있고, 영적인 눈이 가리어져 있으며, 많은 것에 눌려 사는지 모릅니다. 그런데 하나님 나라가 임하면 이 모든 것에서 해방되어질 수 있습니다!

예수님을 통해서 하나님 나라가 시작되었다는 것은 다른 성경의 구절에서도 찾아볼 수 있습니다. 그 중 대표적인 것이 마태복음 4장 17절과 11장 12절 입니다.

"회개하라 천국이 가까이 왔느니라"(마 4:17)

"천국은 세례 요한 때부터 침노를 당하나니 침노하는 자들은 천국을 빼앗느니라"(마 11:12)

마태복음 4장 17절의 내용은 하나님 나라가 눈앞에 다가왔기 때문에 회개하라는 뜻보다는, 예수께서 이 메시지를 선포하심으로 이미 하나님의 나라가 시작되었다고 보는 것이 옳습니다. 이미 앞에서 해석한 이사야 61장의 내용과 누가복음 4장의 내용이 예수님의 사역의 시작으로 하나님의 나라가 시작되었음을 가르쳐 주고 있기 때문입니다. 그러므로 이 메시지는 예수님의 선포를 듣는 모든 사람들이 하나님 나라에 들어오기 위해서 회개해야 함을 촉구하는 메시지로 볼 수 있습니다.

그리고 마태복음 11장 12절의 말씀은, 이미 천국은 세례 요한 때부터 사람들이 본격적으로 누리기 시작했다는 것을 말씀하고 있습니다. 이 말씀들을 통해 우리가 알 수 있는 중요한 사실은, '이미' 하나님 나라는 시작되었다는 것입니다.

이렇게 볼 때, 그리스도인들은 하나님 나라가 이미 시작되었기에, 그 나라가 풍성하게 확장되어 가고 있다는 사실을 알아야 합니다. 그리고 하나님은 당신의 사람들을 통해서 온 세계 열방 가운데 하나님 나라가 지속적으로 확장되어 가도록 지금도 일하고 계십니다. 이것을 볼 수 있는 눈이 띄어져야 합니다. 뿐만 아니라, 우리가 지금 하나님 나라의 풍요로움을 누리고 있다고 할지라도, 그 나라는 나중에 완성된 형태로 우리에게 주어질 나라이고 현재 과정 중임을 알아야 합니다. 그러므로 우리가 죽어서 가는 나라는 완성된 하나님 나라라고 할 수 있습니다. 그래서 이 땅에서 누리는 현재적 하나님 나라를 통하여 나중에 들어갈 완성된 하나님 나라를 기대하게 되는 것입니다. 여기에 소망을 가지고 있는 자가 진정한 그리스도인입니다. 신앙인들에게 가장 큰 소망은, 이미 시작되었고, 현재도 누리고 있으며, 앞으로 도래하고 완성될 하나님 나라에 있습니다.

성령 안에서 십자가를 통해 이루어지는 하나님 나라

하나님 나라는 '하나님의 주권', '하나님의 지배', '하나님의 통치'라고 말씀드렸습니다. 그러므로 이것을 위해서는 이 땅을 이미 선점하고 있는 세력과의 싸움이 불가피합니다. 그러면 어떻게 싸울 수 있을까요? 우리의 힘으로는 싸울 수 없습니다. 오직 성령의 능력으로만 싸울 수 있습니다. 예수님도 성령의 능력으로 하나님 나라의 복음을 선포하셨습니다. 하나님의 나라는 성령의 역사 없이는 불가능합니다. 이 땅을 통치하고 있는 세력을 몰아내기 위해서는 오직 성령의 능력으로 싸워야하기 때문입니다. 이렇게 볼 때, '내가 하나님의 나라를 깊게 누리지 못했던 이유 중의 하나가 성령을 절대적으로 붙잡고 의지하지 않았기 때문이구나!'라는 사실을 깨달을 수 있습니다. 그렇다면, 성령이 우리 가운데 강하게 역사하시도록 준비해야 할 것들이 있을까요?

> "내가 이르노니 너희는 성령을 따라 행하라 그리하면 육체의 욕심을 이루지 아니하리라 육체의 소욕은 성령을 거스르고 성령은 육체를 거스르나니 이 둘이 서로 대적함으로 너희가 원하는 것을 하지 못하게 하려 함이니라 너희가 만일 성령의 인도하시는 바가 되면 율법 아래에 있지 아니하리라 육체의 일은 분명하니 곧 음행과

더러운 것과 호색과 우상 숭배와 주술과 원수 맺는 것과 분쟁과 시기와 분냄과 당 짓는 것과 분열함과 이단과 투기와 술 취함과 방탕함과 또 그와 같은 것들이라 전에 너희에게 경계한 것 같이 경계하노니 이런 일을 하는 자들은 하나님의 나라를 유업으로 받지 못할 것이요 오직 성령의 열매는 사랑과 희락과 화평과 오래 참음과 자비와 양선과 충성과 온유와 절제니 이같은 것을 금지할 법이 없느니라 그리스도 예수의 사람들은 육체와 함께 그 정욕과 탐심을 십자가에 못 박았느니라"(갈 5:16-24)

여러분! 성령은 예수께서 하지 않으셨던 새로운 일을 하시는 분이 아닙니다. 성령님은 예수께서 이미 십자가에서 다 이루어놓으신 일을 적용하시는 분이십니다. 기독교는 예수 안에서 모든 것이 다 성취된 종교입니다. 그러므로 성령님이 하시는 가장 중요한 일 중에 하나가 예수님께서 십자가에서 이루어 놓으신 하나님의 나라를 이 땅에 누려지도록 하는 것입니다. 그런데 성령께서 역사하시려면 우리의 육체의 소욕이 굴복되어져야 함을 바울이 강조하고 있습니다.

바울이 얼마나 실천적인 마인드가 있었냐면, 육체의 소욕이라고만 언급해도 모든 사람이 알아들을 수 있지만, 육체의 소욕이 어떤 것인지를 구체적으로 열거했습니다. 물론 이 말씀에 열거된 것이 육체의 소욕을 전부 표현할 수는 없지만, 이곳에 열거된 것들 가운데 하나라도 나에게 걸리는 게 분명히 있을 수 있다는 것입니다. 그리고 그것에 대해 회개하고 내려놓지 못하면 성령께서 강하게 역사하실 수 없습니다. 성령이 역사하지 못하면 아무리 하나님 나라를 이야기 하더라도 하나님의 나라가 우리 안에 온전히 이루어질 수 없습니다.

여러분! 하나님 나라를 누리기를 원하십니까? 그렇다면 가장 먼저 육체의 소욕을 내려놓으십시오. 육체의 소욕을 내려놓는 일이 십자가를 지는 일입니다. 십자가의 궁극적인 의미는 자기포기입니다. 육체의 소욕을 내려놓는 것이 얼마나 힘든지 아십니까? 죄인지 알면서도 내가 익숙했기에, 내가 편안해했기에 헤어 나오지 못하고 붙잡고 있었던 그것들을 내려놔야 성령이 내 안에서 역사하시기 시작합니다. 그리고 그 성령이 역사하실 때 나를 지배했던 모든 세력들이 물러가고 하나님의 통치가 내 안에 있게 됩니다. 육체의 소욕을 내려놓지 못하면, 강력한 성령의 역사가 있는 장소에서는 하나님의 통치를 경험하는 것 같은데, 문밖에 나가는 순간 잊어버리게 됩니다. 분위기 때문에 경험한 하나님 나라는 내 안에 실제적으로 들어온 하나님 나라가 아닙니다. 여러분이 변화되지 않으면 하나님 나라의 경험은 지속되지 않습니다. 그리스도의 사람은 정과 욕심을 십자가에 못 박은 사람입니다.

다음으로, 성령을 절대적으로 의지하십시오. 성령이 도와주시지 않으면 이 모든 것이 불가능합니다. 내 힘으로는 육체의 소욕을 내려놓을 수 없습니다. 성령의 도우심으로 육체의 소욕을 죽이고 그러면서 하나님 나라를 경험할 수 있는 것입니다. 아무리 목사라고 할지라도 그 안에 육체의 찌꺼기가 남아있을 수 있습니다. 그래서 "성령님 도와주십시오. 성령님께서 도와주시지 않으면 할 수가 없습니다."라고 고백하며 성령님을 의지하셔야 합니다. 그 때 성령께서 우리의 육체의 소욕을 내려놓게 하시고, 우리 안에 온전한 하나님의 통치가 이루어지게 하실 것입니다. 이렇게 함으로써 그리스도인들의 삶 속에서 지속적으로 하나님의 나라가 더 깊이 있게 경험될 것입니다.

더 깊은 연구를 위하여

❶ 책을 읽기 전, 내가 생각해 왔던 '하나님 나라'의 개념에 대해서 말해보세요.

❷ '하나님 나라'라는 주제가 그리스도인에게 왜 중요할까요?

❸ 오늘날 한국교회가 힘을 잃어가고 있는 이유를 하나님 나라와 연관지어 설명해 보세요.

❹ 이 땅에서 누릴 수 있는 하나님 나라를 어떻게 설명할 수 있을까요?

❺ 이 땅에 도래할 하나님 나라는 구약에 이미 예언되어 있습니다. 느부갓네살이 본 환상을 하나님 나라와 연관지어 설명해 보세요.

❻ 하나님 나라가 예수님으로부터 이 땅에 시작되었다고 할 수 있는 이유가 무엇입니까?

❼ 이사야 61장 1-3절의 내용을 하나님 나라와 연관지어 설명해 보세요.

❽ 현재적으로 경험할 수 있는 하나님 나라와 성령과는 어떠한 관계가 있습니까?

❾ 성령의 역사와 십자가와는 어떠한 관계가 있습니까?

2장
하나님 나라의 특징

로마서 14:17

하나님의 나라는 먹는 것과 마시는 것이 아니요 오직 성령 안에 있는 의와 평강과 희락이라

1장에서는 하나님 나라에 대한 개념을 중심으로 이야기를 나눴습니다. 하나님의 나라는 영토, 영역의 개념이 아니고 하나님의 주권과 통치와 다스림이라고 말씀드렸습니다. 그리고 하나님의 나라는 이미 시작되었지만 완성된 나라는 미래에 우리에게 주어질 것이라고 말씀드렸습니다. 우리는 이 중간(Already와 Not yet)의 시기를 살아가고 있는데, 이렇게 살면서 경험하는 하나님 나라가 현재적 하나님 나라입니다. 그런데 신약의 위대한 하나님의 사람 중에 한 사람인 사도 바울은 실제적으로 현재적 하나님 나라를 경험하고 누리며 그 하나님 나라를 전했던 사람입니다. 그러다보니 하나님의 주권이 미치는 곳에 어떤 일이 일어나는지를 구체적으로 표현할 수 있었습니다. 바울은

로마서 14장 17절에서 현재적 하나님 나라의 세 가지 요소에 대해 명확하게 기록해 놓고 있는데, 첫 번째는 '의', 두 번째는 '평강', 세 번째는 '희락'입니다. 그리고 이 세 가지의 요소는 모두 성령 안에서 누려지는 요소들입니다. 바울은 굉장히 이론적이고 조직적인 성격을 가지고 있지만, 성령의 역사 없이는 어떠한 하나님의 일도 가능하지 않다는 사실을 잘 알고 있었습니다. 그러므로 "성령 안에서"라는 중요한 전제를 서술한 것입니다. 이번 장에서는 바울이 언급한 하나님 나라의 요소들, 즉 '의'와 '평강'과 '희락'을 중심으로 이 땅에서 누릴 수 있는 현재적 하나님 나라의 특징을 살펴보려합니다.

하나님 나라가 임하는 것을 어떻게 알 수 있을까요? 그것은 신앙인의 삶 속에서 '의'와 '평강'과 '희락'이 누려지는 것을 보며 알 수 있습니다. 사도 바울은 로마 교인들에게 '하나님 나라'에 대해서 다음과 같은 부분을 강조하고 싶었을 것입니다. 하나님의 나라가 이 땅에 임했다는 것은 '내가 출세하고, 사업이 잘되는 등 내 삶이 형통하고 잘 풀리는 것'의 현상으로 나타나는 것이 아니라, 성령 안에서 누리는 '의'와 '평강'과 '희락'이라는 것입니다. 이것은 굉장히 충격적인 표현입니다. 우리가 생각하고 있는 바와 전혀 다를 수 있기 때문입니다.

그렇다면 이 요소들이 강조하고 있는 의미는 무엇일까요? '의'는 하나님과의 올바른 관계를 말합니다. '평강'은 구약의 '샬롬', 신약의 '에이레네' 즉, 절대적인 완전의 개념입니다. 나와 하나님과의 관계,

나와 이웃과의 관계, 나와 자연의 관계 등 삶의 모든 부분이 깨어지거나 부수어지지 않고 둥글게 원만한 관계를 이루는 것으로써, 문제는 있을 수 있지만 마음 가운데는 절대적인 평강이 임하는 것입니다. 마지막으로 희락은 '기쁨'입니다. 마음에 절대적인 평강이 있을 때 그 외적인 표징으로 나타나는 것이 바로 기쁨입니다. 이렇게 세 가지의 표징들이 성령으로 인해서 우리 삶에서 나타날 때 하나님 나라가 임했음을 알 수 있습니다.

하나님 나라에 관한 오해

바울 사도는 로마서 14장 17절의 전반부에서 '하나님의 나라는 먹는 것과 마시는 것이 아니요'라고 밝히고 있습니다. 많은 사람들이 하나님 나라를 생각할 때, 이 땅에서의 기준으로 해석할 수 있습니다. 이 땅에서의 기준으로 볼 때, 좋은 것은 무엇보다 잘 먹고 잘 사는 것입니다. 그러나 이 땅의 기준으로 기독교를 생각하고 판단하려 하면 잘못 이해할 수 있는 여지가 생깁니다. 하지만 오해는 하지 마십시오. 예수를 잘 믿으면 이 세상에서는 잘 살지 못하는가? 그렇지 않습니다. 그러면 바울은 무엇을 말하려 했던 것일까요? 그리스도인이 되었지만, 세상의 기준을 아직 버리지 못하고 그 기준에서 세상 사람처럼 잘 먹고 잘 사는 것을 신앙의 첫 번째 목적으로 놓으려 하는 경향에 일침을 가하고자 했던 것 같습니다.

여기서 우리가 먼저 이해야할 것은 세상의 기준에서 말하는 형통과 성경에서 말하는 형통은 차이가 있다는 점입니다. 세상의 기준에서 볼 때, 형통은 물질적인 복을 받는 것이고, 문제가 없는 것을 말합니다. 그런데 성경에서 이야기하는 형통의 가장 중요한 기준은 하나님이 함께 하시는 것입니다. 요셉이 왜 형통한 자입니까? 세상의 기준으로 봤을 때는 절대로 형통한 자가 아닙니다. 요셉은 노예로 팔려갔고, 감옥에 갇혀 오랜 시간을 보냈습니다. 하지만 성경은 요셉을 형통한 자라고 이야기하고 있습니다. 그 이유는 요셉이 노예로 있어도, 감옥에 있어도 하나님이 늘 그와 함께 계셨기 때문입니다. 하나님이 함께 하시고 있다는 증거는 요셉의 삶을 통해 지속적으로 드러났습니다. 이렇게 보자면, '무슨 일을 만나든지 만사형통하리라'라는 찬송의 가사는 '계속되는 문제와 어려움이 있다고 할지라도 하나님이 나와 함께 하셔서 그 문제를 이길 수 있고, 하나님이 나와 함께 하시기에 그 문제 때문에 흔들리지 않고 마음이 평안하여 기쁘다'라는 의미일 것입니다. 이것이 하나님의 나라가 임한 증표가 아니겠습니까?

사도 바울은 하나님의 나라를 설명해주는데 있어서, '하나님 나라는 이러한 것이 아니고, 오히려 이러한 것이다'라는 식으로 가르쳐주면 배우는 사람들이 잘 이해할 수 있으리라는 생각을 하였던 것 같습니다. 그래서 사도 바울은 하나님 나라에 대해 오해할 수 있는 부분을 먼저 이야기했습니다. 하나님 나라는 너무 좋은 곳이기는 하지만, 그 하나님 나라가 나에게 임하면 직장이 생기고, 출세를 하고, 돈이 많아지고 하는 것이 아니라는 것입니다. 하나님의 나라는 먹고 마시는 세상의 기준으로 평가되는 것이 아님을 분명히 알아야 한다는 것이지요. 그렇다면 하나님의 나라가 임하는 곳에는 어떤 특징들이 나타납니까? 오직 성령 안에서 '의'와 '평강'과 '희락'이 누려지는 특징이 나타납니다.

하나님 나라의 특징적 요소 (1) - 의 -

하나님 나라의 첫 번째 요소인 '의'란 무엇을 의미할까요? 성경에서 '의'라는 단어의 가장 중요한 의미는 하나님과의 올바른 관계를 나타냅니다. 그렇다면 하나님과의 올바른 관계를 의미하는 '의'가 하나님 나라를 나타내는 요소들 가운데 왜 가장 먼저 언급되었을까요? 이것은 1장에서 다뤘던 하나님 나라의 개념과 연관 지어 생각해 볼 때, 쉽게 이해할 수 있습니다. 우리는 앞서서 하나님 나라가 하나님의 통치, 하나님의 지배, 하나님의 주권, 하나님의 다스림이라고 살펴보았습니다. 그렇다면, 하나님이 나를 지배하시고 다스리기 위해서는 무엇이 전제되어야 합니까? 바로 하나님과 나와의 올바른 관계가 전제됩니다. 하나님과 나의 관계가 올바를 때, 하나님께서 나를 찾아오실 수 있습니다. 그래서 현재 누릴 수 있는 하나님 나라의 가장 중요한 특징을 '의'라고 이야기할 수 있는 것입니다.

　이 말은 거꾸로 얘기하면, 하나님과의 올바른 관계가 정립되지 않고서는 지속적으로 하나님의 임재를 경험하지 못한다는 말이 됩니다. 설령, 어느 그리스도인이 하나님의 임재가 강력히 느껴지는 장소에서 하나님의 임재를 경험할 수는 있어도, 그 자리를 나가서는 지속될 수 없습니다. 성령이 강하게 역사하시는 곳에서는 성령의 역사 때문에 함께 덩달아서 느낄 수는 있지만, 그것은 그 분위기 때문에 경험하는 것입니다. 그 순간에 역사하시는 성령의 능력 때문에 경험할 수는 있어도 문밖만 나가면 내가 바뀌지 않았기 때문에 경험하지 못하는 것입니다. 물론 이것도 중요하지만, 이것만을 중시하다가는 성령이 역사하시는 분위기 있는 장소만을 찾아다니는 사람이 되어버립니다. 그래서 하나님 나라를 지속적으로 경험하기 위해 필요한 것이 바로 하나님과의 올바른 관계, '의'라는 것입니다. 하나님과의 올바른 관계가 정립되지 않고는 어떤 하나님의 지배도 있을 수가 없습니다. 하나님을 그렇게 갈망하는데 왜 하나님의 통치를 경험하지 못합니까? 그것은 하나님과의 관계가 올바로 정립되지 못했기 때문입니다.

십자가로 하나님과의 막힌 담을 뚫어라

예수님의 공생애 첫 번째 메시지는 "회개하라 천국이 가까이 왔느니라"(마4:17)였습니다. 예수님께서는 하나님 나라를 회개와 결부시키셨습니다. 왜냐하면, 회개는 하나님과의 관계를 올바르게 정립하는 방법이기 때문입니다. 흔히 사람들은 자신과 하나님 사이의 막혀 있는 것이 무엇인지는 보지 못하고 그저 은혜만 구할 때가 있습니다. 하지만, 성경의 원칙을 안다면 하나님과 자신과의 막혀 있는 것들이 먼저 뚫어질 수 있도록 기도해야 합니다.

제가 2006년 1월 1일에 교회를 개척하고 목회를 하면서 늘 실천했던 습관 가운데 하나는 날마다 십자가 앞에 나가는 것이었습니다. 특별히 잠들기 전에 십자가 앞에 나가 주님의 보혈로 죄를 씻는 훈련을 하였습니다. 기도하면서 십자가 앞에 나가보니, 하루에도 몇 번씩이나 짜증내고 화내며 하나님이 원치 않는 일을 할 때가 있었음을 깨달았습니다. 그래서 "주님, 오늘도 알고 지은 죄, 모르고 지은 죄, 모두 예수님의 피로 씻어주시고 오늘밤 자면서도 주님을 만날 수 있도록 해주세요."라며 기도했습니다. 저는 잠이 들면서도 계속해서 주님을 예배하고 찬양하고 싶은 마음에 극동 방송의 찬양을 틀어놓고 잠이 들곤 하였습니다. 그런데 어느 날은 자다가 깨어보니 울고 있는 거예요! 왜 울고 있는가 곰곰이 생각해 봤더니, 극동방송에서 나오고 있는 찬양의 선율에 제가 반응하고 있더라구요! 그때 깨달았지요! 육체는 피곤하여 잠을 자더라도 영은 깨어서 주님께 반응 할 수 있음을요!

그러던 어느 날은 "주님 오늘 더 강하게 임재해주세요! 주님 오늘도 주님을 더 깊게 만나고 싶습니다."라고 기도하고 잠이 들었습니다. 꿈속에서라도 주님을 만나는 것이 소원이었습니다. 개척이 힘들고 어려웠기에, 주님을 만나는 것이 유일한 소망이고 힘이었습니다. 그런데 잠을 청하면서 비몽사몽간에 "주님이 임재하신다!"라는 소리가 천둥치듯이 너무나 우렁차게 제 귀에 들려왔습니다. 아마도 저만 들은 소리인 것 같습니다. 그리고 그 순간 갑자기 두려움이 엄습해오기 시작했습니다. 정말 주님이 나를 찾아오시면 죽을 것 같았기 때문입니다.

참 역설적이지 않습니까? 조금 전까지만 해도 주님께 찾아와 달라고 기도했는데, 막상 주님이 임재하신다는 소리가 들리니 두려움이 저를 휘감기 시작했습니다. 그래서 제가 뭐라고 기도한 줄 아세요? "주님 오늘은 오시지 마세요!" 그러면서 그 순간을 깨어났는데, 커다란 고민에 빠지게 되었습니다. 이 고민을 해결하지 않으면 하나님 나라에 대해서 선포할 수도 없고 십자가를 전할 수도 없을 것 같았습니다. '나는 하나님 나라를 원했는데 막상 하나님이 임재하신다고 하니 왜 그렇게 두려웠을까? 왜 내 입에서는 지금 나에게 오시면 안 된다고 외칠 수밖에 없었을까?' 그렇게 고민하며 기도를 하던 가운데, 하나님이 제게 깨닫게 해주신 것이 있었습니다. '하도균! 네가 매일 십자가 앞에 나간다고 하지만, 네 안에 네가 알지 못하는 죄의 큰 덩어리들이 얼마나 많은 줄 알아?' 그렇습니다! 저는 매일 십자가 앞으로 나아가는 훈련을 하고 있으니 마치 온전한 의인이 된 줄로 잘못 알고 있었던 것입니다. 물론 이전보다는 깨끗하고 거룩한 훈련이 되어가고 있었지만, 나에게는 여전히 내가 알고도, 혹은 알지 못하는 죄의 뿌리가 있고 더러움이 있다는 것을 깊이 깨달았습니다.

그런데 구약성경을 살펴보면, 자신을 정결하게 하지 않고 하나님을 만난 사람은 모두 죽었습니다. 특히 대제사장이 자기 죄를 깨끗이 씻지 않고 지성소에 들어갔을 때에는 살아서 나올 수가 없었습니다. 내가 나의 죄를 씻기 위해 매일 십자가 앞에 나간다는 그 하나의 행위가 언젠가부터 나의 의가 되어버리고 난 후, 나는 미처 내가 깨닫지 못했던 내 안에 깊이 있는 죄가 엄연히 존재하고 있다는 사실을 하나님께서 깨닫게 해주신 것입니다. 그것 때문에 주님이 제게 좀 더 깊이 있게 찾아오시려 했을 때 두려움이 생겨난 것임을 알게 되었습니다. 이사야 선지자도 하나님이 그를 만나주셨을 때, "화로다! 나여! 망하게 되었도다!"(사 6:5)라고 고백하였지요.

저는 어린아이처럼 그저 하나님 나라가 임하게 해달라고 기도했는데, 하나님께서는 더 깊은 차원으로 저를 인도하셨습니다. 이후에 저는 하나님 앞에 이렇게 기도하기 시작했습니다. '하나님 정말 내 안에 있는 내가 알지 못하는 깊은 죄를 씻어 주시고, 죄가 씻긴 만큼만 찾아와 주세요!' 그리고 저는 죄가 씻긴 만큼만 찾아오신 하나님의 임재하심도 얼마나 큰 것인지를 경험하였습니다. 그러나 여전히 많은 사람들이 죄가 얼마나 무서운 것인지, 그리고 죄인이 하나님을 만난다고 하는 것이 얼마나 무서운 것인지를 모르는 것 같습니다. 그저 어린 아이처럼 아무 것도 모르고 하나님 나라가 임하게 해달라고 하는 칭얼거림을 통해 하나님 나라를 경험하려는 것 같습니다. 그러나 신앙이 성장해갈수록 하나님은 죄에 대한 부분을 더 깊게 깨닫게 하십니다. 죄가 온전히 씻겨지지 못했는데 어떻게 하나님이 온전하게 임하실 수가 있겠습니까?

그래서 제가 또 하나 깨달은 것이 있습니다. 제가 날마다 십자가 앞에 나간다고 하더라도 '나는 죄인입니다! 내 안에는 정말 선한 것이 하나도 없습니다! 나는 하나님의 은혜가 아니면 하나님의 지배와 하나님의 통치와 하나님의 주권을 조금도 경험할 수 없는 자입니다!'라는 고백을 하나님 앞에 올려드릴 수밖에 없다는 것입니다. 사랑하는 여러분, 제가 여러분에게 정말 부탁하고 싶은 것이 있습니다. 여러분들이 하나님의 임재를 구하기 이전에 하나님과의 관계에서 먼저 막혀있는 것이 무엇인지 봐야 한다는 것입니다. 그 막혀 있는 부분이 뚫어지지 않고는 하나님의 나라가 온전히 우리에게 임할 수가 없습니다.

"외치는 자의 소리여 이르되 너희는 광야에서 여호와의 길을 예비하라 사막에서 우리 하나님의 대로를 평탄하게 하라"(사 40:3)

구약성경을 읽어보면, 이스라엘이 하나님의 뜻대로 살지 못하고 자기 뜻대로 살다가 나라를 빼앗긴 적이 한두 번이 아니었습니다. 이사야 40장은 바벨론에게 포로로 끌려간 이스라엘에게 하나님이 회복을 선언하고 계신 말씀입니다. 그런데 하나님이 이스라엘을 무조건 회복만 시키신다고 이스라엘에게 좋은 것은 아니었습니다. 왜냐하면, 이스라엘이 회복이 된다고 하더라도 그들이 변화되지 않으면 그들은 또다시 바벨론과 같은 나라에 짓밟힐 수 있기 때문입니다. 그래서 하나님은 이스라엘에게 회복만 약속하시는 것이 아니라 그들에게 요구하신 것이 있습니다. 그것은 '여호와의 길을 예비하라 시온의 대로를 평탄케 하라'는 말씀입니다. '여호와의 길을 예비하라'는 말씀과 '시온의 대로를 평탄케 하라'는 말씀은 같은 의미인데, 유대인들은 같은 의미를 지닌 말씀을 반복적으로 다른 말로 표현해서 의미를 강조하는 경향이 있습니다. 여호와의 길을 예비하고 시온의 대로를 평탄케 하는 것은 궁극적으로는 이스라엘의 회복을 의미합니다. 그런데 이 말씀 안에서 예수를 믿는 우리들에게 적용될 수 있는 메시지가 있습니다. 하나님의 길이라는 것이 무엇입니까? 그것은 가장 가깝고도 먼 길인 것 같습니다. 저는 그 길이 나의 머리에서 마음으로 이르는 길이라고 생각합니다. 머릿속에 있던 하나님에 대한 지식이 가슴으로 내려와서 느껴지는 이 길이 하나님의 길이라고 할 수 있습니다. 이스라엘 백성이 왜 바벨론에 포로로 끌려간 줄 아십니까? 머리에서 마음으로 이르는 길이 막혀 있었기 때문입니다. 이스라엘은 머리에 있던 하나님에 대한 지식이 마음으로 내려오지 못했기 때문에, 하나님을 온전히 섬기지도 못했고, 하나님의 임재를 경험하지도 못했습니다. 하나님은 이스라엘을 다시 회복시켜 주시면서 '여호와의 길을 예비하라 시온의 대로를 평탄케 하라'고 요구하고 계십니다.

우리의 머리에만 머물러 있는 하나님에 대한 지식이 우리의 마음으로 내려와야 합니다. 하나님과의 막혀 있는 담이 다시 뚫어져야 합니다. 하나님과 나 사이에 여전히 단단한 담으로 막혀져 있다면, 어떻게 하나님께서 찾아오실 수가 있겠습니까? 하나님과 관계가 회복되지 않았는데, 어떻게 하나님의 지배를 받고 하나님의 주권아래 있을 수 있겠습니까? 성령께서 이 말씀을 통해 여러분을 비추시길 원합니다. 우리는 우리가 얼마나 죄인인지, 우리 안에 알고도 지은 죄, 모르고 지은 죄가 얼마나 쌓여있는지 모릅니다. 우리가 하나님의 임재를 그렇게 간구하는데도 왜 하나님이 우리의 마음만큼 찾아오시지 못하는지 우리는 모릅니다. 오직 성령이 오셔서 우리를 깨닫게 하셔야 합니다. 왜 똑같이 예수 믿으면서도 어떤 사람은 기쁘게 반응하는데 어떤 사람은 시무룩합니까? 그들에게 차이가 있다면 하나님이 찾아오시는 길이 열려졌느냐 안 열려졌느냐의 차이일 것입니다.

저는 이 말씀을 묵상하다가 '그래서 바울 사도가 하나님 나라를 이야기하는데 첫 번째로 '의'를 이야기했구나.'라고 생각했습니다. 아무리 다른 것은 이야기해도 하나님과의 올바른 관계가 정립되어 있지 않으면 소용이 없습니다. 하나님과의 올바른 관계가 정립되어 있지 못하면 다른 것이 필요 없습니다. 여러분에게 고질적으로 짓는 죄가 있나요? 반복적으로 짓는 죄가 있나요? 그리고 숨기고 싶은 죄가 있나요? 하나님 앞에 내려놓으십시오! 냄새나고 더럽고 추한 그 죄 때문에 하나님을 깊이 만나지 못하는 것입니다. 이렇게 말하는 저 역시도 하나님 앞에 내려놓아야 하는 부분이 많이 있습니다.

오늘 날 한국 교회 안에 사라져 가고 있는 것 중 하나가 회개입니다. 하나님께로부터 은혜를 받고 많은 것들을 행하기를 원하는데 회개는 잘 안합니다. 옛날처럼 그렇게 울면서 자복하고 통회하던 일들이 점차 사라져 가고 있습니다. 우리 믿음의 선배들은 하나님 나라라고 하는 개념을 명확하게 알지는 못했어도, 그렇게 회개하며 하나님과의 막힌 관계를 회복해갔고, 하나님의 임재를 경험하였습니다.

여러분, 다시 한 번 생각해보십시오. 하나님과 막힌 것이 뚫어지지 않았는데 하나님께서 어떻게 찾아오시겠습니까? 하나님께서 우리를 하나님의 형상과 모양대로 만들어 놓으셨기 때문에 하나님은 나의 의지를 존중하십니다. 그래서 하나님은 내가 결정해서 하나님 앞에 나오기를 원하십니다. 하나님 앞에 자복함 없이, 하나님과의 관계가 뚫어지지 않으면 하나님이 온전히 찾아오실 수 없습니다.

하나님 나라의 특징적 요소 (2) – 평강 –

이렇게 하나님과의 올바른 관계가 정립되었을 때 우리에게 나타나는 특징이 있습니다. 그것은 바로 평강과 희락입니다. 평강은 하나님과의 올바른 관계 안에 있는 사람이 내적으로 누리는 열매라고 할 수 있고, 희락이라고 하는 것은 하나님과의 올바른 관계가 정립되어 있는 사람에게 외적으로 나타나는 열매라고 할 수 있습니다. 하나님과의 올바른 관계가 정립될 때, 드러나는 대표적인 열매가 평강과 희락인 것입니다. 저는 이 가운데 하나님 나라의 두 번째 요소인 평강에 대해 먼저 나누길 원합니다.

평강은 기독교인의 표지라고 할 수 있습니다. 여러분, 어떤 사람이 예수를 잘 믿는 사람일까요? 여러 기준을 가지고 이야기할 수 있겠지만, 평강이라는 척도를 가지고 평가해 보자면, 어떤 환경 속에서도 마음의 흔들림이 없고 평강이 있는 사람이 예수를 잘 믿는 사람이라고 할 수 있습니다. 시편에도 보면 시편 기자가 '주여 나로 요동치 않게 하시고'라고 기도합니다. 요동한다는 것은 널뛰는 것을 말합니다. 상황과 환경에 따라 널뛰지 않고 시편 1편에 나오는 뿌리 깊은 나무처럼 늘 그 상태를 유지하는 것이 평강입니다. 초대 교회 신자들은 그렇게 박해가 있고 힘들고 어려워도 예수를 믿는 믿음 안에서 절대적인 평강이 그 안에 있었습니다.

평강은 히브리어로는 '샬롬(שלום)'이라고 표현하고, 헬라어로는 '에이레네(εἰρήνη)'라고 표현합니다. '샬롬'이라는 단어는 '어떤 하나도 모가 나지 않은 완벽한 상태'를 이야기합니다. 그런데 이 완벽한 상태가 죄로 인해 깨어졌습니다. 하지만 죄로 인해 깨어진 상태가 하나님의 올바른 관계가 정립될 때 다시금 회복됩니다.

부활하신 예수님이 두려워하는 제자들에게 찾아가서서 첫 번째로 외치신 말씀이 "너희 안에 평안이 있을지어다"(요 20:19)라는 말씀이었습니다. 예수를 믿는 사람들은 어떤 상황에서도 두려워 떨지 않습니다. 예수를 믿는 사람들은 예수님께서 십자가에서 이루어 놓으신 평강을 누리며 살아가는 사람들입니다. 여러분, 우리 안에 하나님의 나라를 못 누리고 살아가기 때문에 근심이 있고, 불만이 있고, 원망이 있는 것입니다. 여러분 가운데 하나님과의 올바른 관계가 회복되어 절대적인 평강이 있어지기를 원합니다.

하나님의 나라는 바로 이와 같은 것입니다. 그냥 기뻐서 방방 뜨는 것이 아니라, 하나님과 올바른 관계의 정립을 통해서 평강이 누려지는 것입니다. 하나님의 나라를 누리고 있는 사람은 절대 흔들리지 않습니다. 혹시라도 여러분 가운데 환경과 상황에 따라 요동이 잦은 사람이 있다면, 아무리 신앙의 연륜이 오래되었어도 아직은 신앙의 초보일 수 있습니다. 어떤 일이 있어도 하나님의 다스림 가운데 꾸준하게 주님만 바라보면서 평강을 누리시길 원합니다.

하나님 나라의 특징적 요소 (3) - 희락 -

평강이 우리 가운데 누려질 때, 겉으로 드러나는 표징이 있습니다. 그것이 바로 '희락'입니다. 상황과 환경이 나를 억눌러도 계속 웃을 수 있는 사람이 그리스도인입니다. 세상은 이런 모습을 보고 바보같다고 조롱할 수 있지만, 하나님 앞에서는 큰 기쁨이 있기에 그 같은 조롱도 이겨낼 수 있습니다. 예수를 믿으면서도 이 기쁨을 잃어버렸다고 한다면 다시금 찾을 수 있기를 원합니다. 하나님과의 올바른 관계가 정립되어 있으면 내적으로 평안하고 외적으로 기쁨이 나타납니다.

어느 교회에 집회를 갔을 때 있었던 일입니다. 성령이 강하게 역사하셔서 참석한 많은 사람들이 변화되었습니다. 그리고 집으로 올라오는데 너무 기뻐서 몸이 들썩들썩 하는 것입니다. 제가 원래 몸치입니다. 춤을 절대 못 춥니다. 그런데 너무 기쁘니까 몸이 들썩들썩 해지는 겁니다. 음악을 틀지도 않았는데 너무 기뻐서 어쩔 줄 모르겠더라고요. 여러분, 이 기쁨을 잃어버리고 살아가는 것이 얼마나 손해

인줄 아십니까? 이 기쁨은 세상이 주는 기쁨과 다릅니다. 내가 돈이 있어서 생기는 기쁨이 아니고, 내 일이 잘 풀려져서 생기는 기쁨이 아니라, 하나님과의 관계가 올바르게 정립되면서 내 속에 평안과 더불어 어우러지는 기쁨인 것입니다. 의와 평강과 희락은 동시적인 사건입니다. 하나님 앞에서 막혀있던 관계가 온전해지면, 나에게 평강과 희락이 누려지는 것입니다.

본문의 성경을 기록한 사람이 누구입니까? 사도 바울입니다. 바울을 한번 보십시오! 그는 결혼도 하지 않았고 아이도 없었습니다. 결혼해서 누릴 행복도 하나도 누리지 못했습니다. 그는 그가 가지고 있던 학문적인 지식도, 유대인으로서의 자부감도, 명예도, 복음을 위해 다 내려놓았습니다. 그런데 그가 이렇게 말할 수 있었던 이유가 무엇일까요? 그것은 그의 삶 속에 무엇보다 하나님 나라 안에서 누려지는 희락이 있었기 때문입니다. 세상적으로 그의 삶은 실패한 삶일지는 몰라도, 그는 하나님 나라를 누림으로 세상이 줄 수 없는 참된 평강과 희락을 누렸던 것입니다.

No Turning Back!(뒤돌아서지 않겠네!)

1900년대 초 인도에 한 선교사님이 들어가서 복음을 전했습니다. 인도에서는 지금도 그렇지만, 예수를 믿으면 추방하고 심지어 예수를 믿는다는 이유로 사람을 죽이는 마을들이 있었습니다. 당시는 더 했을 것입니다. 그런데 인도에 들어갔던 선교사님이 그러한 상황 속에서도 복음을 전하여 한 가족이 구원을 받았습니다. 그리고 그 가족의 인생이 완전히 뒤바뀌어졌습니다. 하지만 곧 소문이 마을에 돌았습니다. 추장은 마을의 주민들을 다 모아놓고 그 가족을 불러다 중앙에 세웠습니다. 그리고 가장 먼저 자녀들을 단 위에 올려놓고 가장에게 이야기합니다.

"네가 예수를 더 이상 안 믿겠다고 하면, 네 자녀들은 살려주겠다."

그 때, 가장은 다른 말을 하지 않고 찬양을 부르기 시작합니다. 자신이 예수를 믿기로 결단했을 때 만든 찬양이었습니다.

"I have decided to follow Jesus(주님뜻대로 살기로 했네),
I have decided to follow Jesus(주님뜻대로 살기로 했네),
I have decided to follow Jesus(주님뜻대로 살기로 했네),
No turning back(뒤돌아서지 않겠네)."

위의 찬양은 우리 한국에 많이 알려진 찬양입니다. 그런데 그 찬양이 인도에 있는 이 사람에 의해서 만들어 졌다는 것이지요. 도대체 그 선교사가 복음을 어떻게 전했기에 이 사람들을 이렇게 뒤바꿔놨을까요? 한번만 예수를 부인하면 자식들을 살릴 수 있었는데… 결국 자녀들은 부모가 보는 앞에서 끔찍하게 죽고 말았습니다. 추장이 이번에는 아내를 단 위에 올려놓고 가장에게 이야기합니다.

"다시 한 번 기회를 주겠다. 네가 예수를 안 믿는다고 하면 네 아내를 살려주겠다."

그때, 가장은 다시 찬양을 부르기 시작합니다.

"Though none go with me, still I will follow(이세상 사람 날 몰라 줘도),
Though none go with me, still I will follow(이세상 사람 날 몰라 줘도),
Though none go with me, still I will follow(이세상 사람 날 몰라 줘도),
No turning back(뒤돌아서지 않겠네)."

결국 아내도 죽고 말았습니다. 마지막으로 혼자 남았습니다. 추장이 다시 묻습니다.

"마지막으로 기회를 주겠다. 예수를 안 믿겠다고 하면 네 목숨만은 살려 주겠다."

그때, 이 사람이 다시 찬양을 부르기 시작합니다.

"The cross before me, the world behind me(세상 등지고 십자가 보네),
The cross before me, the world behind me(세상 등지고 십자가 보네),
The cross before me, the world behind me(세상 등지고 십자가 보네),

No turning back(뒤돌아서지 않겠네)."

여러분, 이 가장의 인생을 바꿔놓은 것이 무엇이었을까요? 저는 고민하다가 한 가지 답을 얻게 되었습니다. 그것은 바로 그 사람이 이 땅에서 누리지 못했던 것을 누렸기 때문이라는 것입니다. 다시 말하자면, 그 사람은 이 땅에서 얻을 수 없는 것을 얻었기 때문입니다. 이것이 기독교입니다. 예수를 믿으면서도 내 신앙이 흔들리고 내 결단이 흔들리는 것은 아직까지 예수님을 직접적으로 만나지 못했거나, 이전에 만났어도 지속적으로 만나지 못했기 때문입니다.

결국 그 가장도 죽었습니다. 가족 모두가 죽었죠. 그런데 그렇게 떳떳하게 뒤돌아서지 않는 그 가족을 보면서 추장의 마음에 감동이 생겼습니다. '도대체 예수가 누구 이길래? 그들이 목숨까지 버려가면서 포기하지 않았을까?' 그러면서 추장은 예수님에 대해 알기 시작했고 예수님을 믿게 되었습니다. 그리고 그 마을 전체가 예수 믿는 마을로 바뀌어졌습니다. 하나님의 나라를 경험한 한 가족의 희생이 그 마을 전체로 하나님 나라를 확장해 간 것입니다.

여러분, 이 땅에 누릴 수 있는 하나님 나라의 특징적인 요소들은 예수님이 십자가를 통해서 이미 이루어놓으신 것입니다. 십자가 없이는 하나님과의 관계가 올바르게 세워질 수 없습니다. 십자가 없이는 진정한 평강이 없고, 십자가가 없이는 진정한 기쁨이 없습니다. 십자가를 통해서 하나님이 지금 이 땅에서 누릴 수 있는 하나님 나라의 요소들을 완성해 놓으셨습니다. 이것들이 경험되어져야 나의 목에 칼이 들어와도 설령 내 자식들이 죽고 내 아내가 죽고 내가 죽는다 하더라도 뒤돌아서지 않을 수 있는 것입니다.

더 깊은 연구를 위하여

❶ 유대인들이 가지고 있던 하나님 나라에 관한 오해들은 어떠한 것이 있습니까?

❷ 오늘날 교회 안에 있는 하나님 나라에 관한 오해들은 어떠한 것이 있을까요?

❸ 하나님 나라의 특징적 요소 중, '의'란 무엇인지 설명해 보세요.

❹ 하나님 나라의 특징적 요소 중 '의'가 가장 먼저 설명된 이유가 있다면 무엇일까요?

❺ 하나님과의 막힌 담을 뚫는 것이 하나님 나라의 경험과 어떠한 관련이 있습니까?

❻ 내가 알고 있는, 혹은 더 보충할 신학적인 '의'의 개념에 대해서 말해보세요.

❼ '평강'이란 무엇입니까? 그 개념을 설명해 보세요

❽ '평강'이 왜 하나님 나라의 특징적인 요소가 될까요? 나의 의견을 말해봅시다.

❾ 하나님 나라를 경험함으로 누리는 '희락'과 세상 속에서 경험 할 수 있는 '희락'과는 어떠한 차이가 있을까요?

❿ 십자가는 하나님 나라의 특징적인 요소들과 어떠한 연관성이 있는지 각각 말해보세요.

2부

십자가를 통해 지속되는
하나님 나라

3장
하나님 나라를 지속시키는 신앙적 요소들

마태복음 11:12

세례요한의 때부터 지금까지 천국은 침노를 당하나니 침노하는 자는 빼앗느니라

이번 장에서 나눌 주제는 '하나님 나라를 지속시키는 신앙적 요소들'에 관한 내용 입니다. 즉, 신앙인들이 어떻게 다양한 십자가를 지는 노력을 통하여 하나님 나라를 지속시킬 수 있는 가에 관한 내용입니다. 본문을 살펴보면 하나님 나라가 세례요한의 때부터 침노를 당했다고 기록되어 있습니다. 이 내용을 보면, 하나님 나라는 우리가 달라고 해서 그냥 주어지는 나라가 아니라 공격해서 빼앗아야만 하는 나라라는 것을 알 수 있습니다. 왜 그렇습니까? 그것은 이미 선점하고 있는 사단의 세력이 있다는 것을 전제로 하기 때문입니다. 그렇다면 사단의 세력이 왜 우리를 점령하고 있습니까? 그것은 우리의 죄 때문입니다. 우리의 죄로 인해 사단이 우리를 통치하고 있는 것입니다.

침노당하는 하나님 나라

그런데 하나님 나라는 왜 세례 요한의 때부터 침노를 당할까요? 이 말씀이 이상하다고 여겨지지 않습니까? 신약시대를 여신 장본인은 예수님이시고, 하나님의 나라가 본격적으로 경험되기 시작한 때도 예수님의 공생애의 시작부터이기 때문입니다. 오히려 세례 요한은 시대적으로 보면 구약의 사람이고 율법의 사람이라고 성경에 나와 있습니다(눅 16:16). 그런데 왜 본문은 천국이 세례 요한의 때부터 침노를 당한다고 기록하고 있을까요? 그 이유는 이렇습니다. 세례요한 때부터 하나님 나라의 메시지가 외쳐졌고, 그 메시지에 반응하는 사람들이 생겨났기 때문입니다.

"그 때에 세례 요한이 이르러 유대 광야에서 전파하여 말하되 회개하라 천국이 가까이 왔느니라 하였으니"(마 3:1-2)

"이 때부터 예수께서 비로소 전파하여 이르시되 회개하라 천국이 가까이 왔느니라 하시더라"(마 4:17)

마태복음 4장 17절의 메시지는 예수님 공생애의 첫 번째 사역의 메시지 였습니다, 그러나 그 메시지는 새로운 내용이 아니었습니다.

예수님 자신이 만들어내신 것도 아니었습니다. 이것은 하나님의 구속사 안에서 세례 요한이 옥에 갇혀 더 이상 그 사역을 감당할 수 없게 되었을 때, 세례 요한으로부터 예수님에게 바턴이 넘겨진 것입니다. 예수님은 세례 요한 때부터 시작된 천국에 대한 메시지를 이어받아 당신이 선포하심으로 본격적인 하나님 나라의 시대를 열어 가신 것입니다.

> "요한이 세례 받으러 나아오는 무리에게 이르되 독사의 자식들아 누가 너희에게 일러 장차 올 진노를 피하라 하더냐 그러므로 회개에 합당한 열매를 맺고 속으로 아브라함이 우리 조상이라 말하지 말라 내가 너희에게 이르노니 하나님이 능히 이 돌들로도 아브라함의 자손이 되게 하시리라 이미 도끼가 나무 뿌리에 놓였으니 좋은 열매 맺지 아니하는 나무마다 찍혀 불에 던져지리라 무리가 물어 이르되 그러면 우리가 무엇을 하리이까 대답하여 이르되 옷 두 벌 있는 자는 옷 없는 자에게 나눠 줄 것이요 먹을 것이 있는 자도 그렇게 할 것이니라 하고 세리들도 세례를 받고자 하여 와서 이르되 선생이여 우리는 무엇을 하리이까 하매 이르되 부과된 것 외에는 거두지 말라 하고 군인들도 물어 이르되 우리는 무엇을 하리이까 하매 이르되 사람에게서 강탈하지 말며 거짓으로 고발하지 말고 받는 급료를 족한 줄로 알라 하니라"(눅 3:7-14)

여러분, 세례 요한의 때부터 하나님 나라에 대한 침노의 행위가 있었는데 중요한 것은 단순히 하나님 나라의 메시지가 외쳐졌다고 침노당한 것이 아니라, 그 메시지에 반응해서 사람들이 회개하러 요단강가로 나오기 시작했다는 것을 주목해야 합니다. 그리고 세례를 받으러 나온 사람들이 "내가 어떻게 하여야 진정한 세례를 받을 수 있습니까? 내가 어떻게 하리이까?"라고 묻자, 세례 요한이 각자에게 맞는 삶의 지침을 줍니다. 그런데 그 삶의 지침은 이 세상의 지침과는 달랐습니다. 이 세상은 더 많이 벌고, 더 많이 누리며 내가 더 잘 살아야 되는 것에 초점을 두고 있는데, 세례요한이 가르쳐 준 지침은 전혀 달랐습니다. 세례 요한은 두 벌의 옷이 있는 사람에게는 한 벌을 나눠주라고 하고, 세리들에게는 부과된 것 이외는 거두지 말라고 하였으며, 군인들에게는 받은 급료를 적당하게 생각하라고 하였습니다. 그러자 그들이 모두 세례 요한의 말대로 하겠다고 결단을 합니다. 여러분, 이 결단과 삶의 실천이 바로 천국을 침노하는 행위라고 볼 수 있는 것입니다. 이러한 행위는 세상과는 전혀 다른 가치관에서 나오는 것입니다. 세상과 다른 가치관, 이것을 우리는 기독교적인 가치관이라고 부를 수 있습니다.

세상적인 가치관은 어떻게 해서든지 내가 성공해야 하고, 어떻게 해서든지 내가 올라가야 되며, 어떻게 해서든지 내가 더 많이 가져야 됩니다. 하지만 기독교적인 가치관은 누가 나를 때리면 그대로 맞고,

심지어 원수까지 사랑하라고 이야기합니다. 이러한 가치관은 세상과는 전혀 다른 것입니다. 그런데 세례 요한의 때부터 이러한 일들이 일어나기 시작했습니다. 그래서 성경은 세례 요한의 때부터 천국이 침노당한다고 기록해 놓고 있습니다.

회개를 통한 가치관의 전환

하나님 나라가 우리 가운데 온전하게 임하게 하기 위해서 우리가 해야 할 일은 천국을 침노하는 것입니다. 천국을 침노한다는 것은 세상적인 가치관으로부터 돌아서서 기독교적인 가치관으로 결단하고 삶의 지침을 실천해 가는 것입니다. 세례 요한이 하나님 나라와 연관 지어, 백성들의 반응을 기독교적인 가치관으로 바꿀 수 있었던 요소가 있었는데, 그것이 바로 회개였습니다. 이 메시지를 예수님도 그대로 이어받으셨습니다.

그렇다면, 회개가 무엇일까요? 우리는 스스로 회개에 대해서 많이 알고 있다고 생각하지만 실상은 그렇지 않을 수 있습니다. 어떤 사람들은 잘못을 고백하는 것을 회개라고 생각하기도 합니다. 물론 그것도 회개의 일종이지만, 성경에서 말하는 진정한 회개는 아닙니다. 오히려 잘못에 대한 고백은 자백이라고 할 수 있습니다.

"만일 우리가 우리 죄를 자백하면 그는 미쁘시고 의로우사 우리 죄를 사하시며 우리를 모든 불의에서 깨끗하게 하실 것이요"(요일 1:9)

여기서 자백이라고 하는 말은 '우리가 잘못한 것을 성령이 비춰주셔서 우리가 볼 때마다 그대로 내가 따라 말하는 것'을 의미합니다. 하지만 회개는 자백과는 의미가 조금 다릅니다. 회개라는 것은 잘못된 삶에서 완전히 돌아서는 것을 말합니다. 말로만 잘못했다고 끝내는 것이 아니라, 잘못된 삶에서 180도로 방향을 전환하는 것을 의미합니다. 이것이 소극적인 의미에서의 회개입니다. 그리고 적극적인 의미에서의 회개는 이러한 방향 전환과 더불어서 나의 의지를 다해 하나님을 바라보고 소망하는 것입니다. 이것이 진정한 회개입니다.

그런데 이러한 진정한 회개를 위해서는 십자가가 필요합니다. 십자가의 궁극적인 의미는 자기포기이고 자기죽음이기 때문입니다. 그러므로 진정한 회개를 위해서는 '익숙해 있는 우리의 삶을 내려놓는 것(십자가)'이 필요합니다. 비록 낯설 수 있지만 '내게 익숙한 세상적인 가치관을 내려놓음(십자가)'으로써 기독교적인 가치관으로 전향하는 것이 진정한 회개라 할 수 있습니다.

영적 나그네의 정체성을 회복하라!

기독교적인 가치관으로 전향한다고 했을 때, 우리가 다뤄야 하는 가장 우선적인 문제는 무엇일까요? 그것은 바로 정체성의 문제입니다. 기독교적인 가치관에서 바라볼 때, 그리스도인이 가지는 가장 중요한 정체성 중에 하나가 바로 '영적 나그네'라는 정체성입니다. 예수를 믿고 구원받은 후부터 우리는 이 세상을 떠나 천국 본향을 향해서 달려가는 나그네가 되었습니다. 그런데 그리스도인들이 '나그네'라는 영적인 정체성을 잃어버리면, 세상 사람들이 가지고 있는 가치관과 똑같이 살아가게 됩니다. 세상 사람들과 다를 바가 없게 되는 것이지요. 그렇다면 세상적인 가치관에서 돌아선다고 하는 것은 무엇을 가리킵니까? 그것은 우리가 구원 받았을 때, 하나님께서 처음에 주신 영적인 정체성, 즉 '영적 나그네'라는 정체성을 회복할 때 세상적인 가치관도 바뀌어지게 되는 것을 말하는 것입니다.

세례 요한이 세례를 받기 위해 몰려든 사람들에게 제시한 삶의 지침도 영적 나그네가 살아가는 삶의 방식과 같습니다. 더 가지려하지 않고 나눠주고 세워주는 삶을 실천하라는 것이지요. 히브리서 11장을 보면, 믿는 자들에게는 두 본향이 있는데, 하나는 떠나온 본향이고, 다른 하나는 우리를 위해 하나님이 준비하신 본향이라고 기록되어 있습니다. 그리고 이 길을 걸어가는 자들이 영적 나그네라고 말하고 있습니다.

> "그들이 나온 바 본향을 생각하였더라면 돌아갈 기회가 있었으려니와 그들이 이제는 더 나은 본향을 사모하니 곧 하늘에 있는 것이라 이러므로 하나님이 그들의 하나님이라 일컬음 받으심을 부끄러워하지 아니하시고 그들을 위하여 한 성을 예비하셨느니라"(히 11:15-16)

세례 요한이 세례를 받으러 오는 사람들에게 외친 회개하라는 메시지에는 '하나님이 너희를 부르셔서 그 본향을 향해 달려가는 나그네로 만드셨는데, 어느 순간 그 정체성을 잃어버리고 세상 사람들과 똑같이 세상에 관심을 갖고 세상에 모든 것을 다 투자해서 살아왔던 삶에서 돌이키라'는 내용을 담고 있습니다. 여러분은 돌이키셨습니까? 말로만 돌이킨 것이 아닌 삶으로 돌이켰다면, 다시 영적 나그네의 삶을 살아가야 합니다. 하나님이 예비하신 본향으로 다시 떠나는 것입니다. 그렇기 때문에 영적 나그네의 삶은 외롭고 눈물이 있습니다. 그러나 하나님의 강권적인 보호하심이 있기 때문에 그 길을 걸어갈 수 있습니다.

성경 어디를 봐도 하나님이 누군가를 주목하셨을 때, 그 시간은 주목하신 사람들의 나그네 삶의 시간들이었습니다. 요셉이 꿈을 꾼 이후 그 꿈이 이루어지까지 13년이라고 하는 나그네의 삶이 있었습니다. 하나님은 그 13년 동안 요셉이 어떻게 살아왔느냐에 관심을 두고 계셨습니다.

우리가 80평생을 살던지, 아니면 100세까지 살던지 그 시간은 하룻밤에 불과합니다. 그런데 그 하룻밤과 같은 삶을 살면서 우리에게는 참 많은 일들이 일어납니다. 하나님을 믿기로 작정했으면 제대로 믿어야 하는데, 제대로 믿지 못하고 자꾸 세상에 눈을 돌릴 때가 있습니다. 그때마다 나그네의 길을 포기하는 것입니다.

여러분, 우리도 신앙의 삶을 살면서 혹여나 나그네의 길을 포기할 수도 있습니다. 실은 많은 사람들이 예수 믿으면서 외롭고 힘들기 때문에 나그네의 길을 포기했습니다. 하지만 그 외로움과 어려움이 우리로 하여금 천국을 소망하게 하고, 천국을 바라보게 하고, 천국을 더 붙잡게 하는데, 그 외로움과 어려움이 싫다고 나그네의 길을 포기해 버리니 어떻게 기독교가 본질을 유지할 수 있겠습니까? 예수 믿고 진정으로 잘된 사람은 언제든지 그 자리를 내려놓을 수 있는 사람입니다. 언제든지 주를 위해 그 자리를 포기할 수 있는 사람입니다. 언제든지 하나님이 원하시면 떠날 수 있는 사람입니다. 주님이 가라고 하면 가고, 서라고 하면 설 수 있는 사람이라는 말입니다.

세례요한이 회개하라고 외쳤을 때, 그 시대는 영적인 암흑기였습니다. 말라기 선지자 이후부터 세례요한의 때까지 400년 동안 하나님의 임재가 없었습니다. 그러니 그 많은 사람들이 어떻게 살았겠습니까? 모두가 자기의 소견에 옳은 대로 살았던 것이지요. 그런데 그 영적인 암흑기를 뚫고 세례요한이 회개하라고 외쳤습니다. 회개하라는 메시지는 단순히 "우리가 400년 동안 이렇게 살았습니다. 잘못했습니다."라고 고백하고 끝나는 이야기가 아닙니다. 400년 동안 잘못 살아왔던 삶의 방향을 돌이키라는 것입니다. 그래서 다시금 영적인 나그네의 정체성을 붙잡고 기독교적인 가치관 아래 살아가라는 것입니다. 이 부분이 해결되어져야 하나님의 나라가 임하기 시작합니다. 세상적인 가치관에서 떠나 영적 나그네의 정체성을 회복하는 자체가 십자가입니다. 그동안 익숙해 온 세상을 떠나는 자체가 십자가인 것입니다.

여러분, 나그네가 목적지를 두고 길을 가다가 어느 지역에 가서 그 지역이 너무나 살만하니까 내가 가지고 있는 돈을 투자해서 그 지역에 있는 부동산을 산다면, 이 사람은 둘 중 하나일 것입니다. 미쳤던지, 아니면 나그네임을 포기했던지. 그런데 얼마나 많은 사람들이 신앙생활하면서 이렇게 살아가는지 모릅니다. 그들은 신앙생활을 하면서도 자신들이 어떻게 먹고 살까를 가장 중요하게 여깁니다.

아닙니다! 그래서는 안 됩니다! 다시금 하나님이 나에게 주신 그 영적 나그네의 정체성을 부여잡아야 합니다! 이것이 가장 중요합니다. 내가 영적인 나그네라는 사실을 놓쳐버리면 그 다음부터는 세상 사람들과 똑같이 되어버리고 맙니다. 나그네의 길을 걸어가지 못하는 사람들은 그 목적이 이 세상에 있기 때문입니다. 그래서 장황하게 말할 것도 없이, '내가 나그네의 길을 지속적으로 걸어갈 것인가?' '아니면 멈출 것인가?' 여기에 가장 커다란 중요함이 있습니다.

세례 요한이 회개를 외쳤을 때, 그 말씀을 들은 자들은 회개했습니다. 그런데 이것은 세상적으로 볼 때, 이해가 되지 않는 모습입니다. 어떻게 두 벌 옷 밖에 없는 사람들이 그중에 한 벌을 줄 수 있습니까? 어떻게 주어진 것으로만 만족하고 살아갈 수 있습니까? 하지만 영적 나그네라면 그렇게 살 수 있습니다. 영적인 순례자라고 한다면 그렇게 살아갈 수 있습니다. 인생은 이 세상의 거친 들에서 하룻밤 자는 것에 불과하다는 사실을 깊이 있게 깨달을 때 가능합니다. 천국이 세례 요한의 때부터 침노를 당한 것은 사람들의 회개가 말의 고백에서 끝나지 않고 삶의 방향의 전환이 있었기 때문입니다. 그리고 그 삶의 방향의 전환은 바로 영적 나그네라는 정체성을 되찾는 것이었습니다.

찬양가운데 "본향을 향하네"라는 가사의 찬양이 있습니다. 그런데 이 찬양의 가사는 신앙의 삶이 영적인 나그네의 삶임을 명확하게 가르쳐 주고 있습니다.

> 이 세상 나그네 길을 지나는 순례자, 인생의 거친 들에서 하룻밤 머물 때
> 환란의 궂은 비바람 모질게 불어도, 천국의 순례자 본향을 향하네

이 세상 지나는 동안 괴로움이 심하나, 그 괴롬 인하여 천국 보이고,
이 세상 지나는 동안 괴로움이 심히 심하여,
늘 항상 기쁜 찬송 못 부르나 은혜로 이끄시네
생명 강 맑은 물가에 백화가 피고, 흰옷을 입은 천사 찬송가 부르실 때
영광스런 면류관을 받아쓰겠네
이 세상 나그네 길을 지나는 순례자, 인생의 거친 들에서 하룻밤 머물고
천국의 순례자 본향을 향하네, 본향을 향하네

영적 나그네, 야곱!

성경에 많은 인물이 영적 나그네의 삶을 살아갔지만, 그 중 대표적으로 야곱을 생각해볼 수 있습니다. 야곱은 아버지 이삭에게 축복을 받고 집을 떠납니다. 그리고 그때부터 나그네의 삶이 시작됩니다. 그는 외삼촌 라반의 집에 들어가서 많은 고생을 하였지만, 벧엘에서 만나주신 하나님의 약속을 붙잡고 '부'도 누리고 '가족'도 얻어서 다시 아버지 집으로 돌아옵니다. 그러다가 잠시 세겜 땅에 들어갔는데, 그 땅이 너무나 살기가 좋으니까 주저앉아 버립니다. 그리고 그곳에서 자그마치 10년을 살아갑니다. 그러다가 어떻게 된 줄 아십니까? 딸 디나가 강간을 당하고, 그 사건을 처리하겠다고 나선 오빠들이 거짓 할례를 주며 세겜 남자들을 죽여버립니다. 이제는 이 사실을 알게 된

가나안 부족이 연합해서 야곱의 집안으로 쳐들어오면 야곱의 집안은 몰락 당할 수밖에 없는 처지에 몰리게 되었습니다. 그런데 그때 하나님이 야곱에게 일방적으로 나타나셔서 명령하십니다.

> "하나님이 야곱에게 이르시되 일어나 벧엘로 올라가서 거기 거주하며 네가 네 형 에서의 낯을 피하여 도망하던 때에 네게 나타났던 하나님께 거기서 제단을 쌓으라 하신지라"(창 35:1)

야곱이 하나님의 명령을 듣고 일어나 벧엘로 올라가서 하나님을 만납니다. 그런데 그 때 성경은 야곱의 모습을 보며 이렇게 기록하고 있습니다.

> "야곱이 밧단아람에서 돌아오매 하나님이 다시 야곱에게 나타나사 그에게 복을 주시고"(창 35:9)

성경은 야곱이 세겜에서 돌아왔다고 기록하지 않았습니다. 야곱이 외삼촌의 집이 있었던 밧단아람에서 돌아왔다고 기록하고 있습니다. 성경이 왜 그렇게 기록했을까 여러 가지 생각을 하며 묵상하던 가운데 한 가지 의미를 찾았습니다. 그것은 세겜 땅이 야곱이 나그네임을 포기하고 주저앉았던 땅이라는 사실에 있습니다. 세겜 땅에서의 10년은 하나님이 주목하는 시간이 아니었던 것입니다. 야곱을 향한 하나님의 주목은 밧단아람에서 그쳤는데, 다시 벧엘로 올라오면서 이어진 것이지요. 이것은 하나님께서 세겜 땅에 주저앉은 야곱에게서 일방적으로 떠나셨다고 해석하기보다는, 그가 나그네를 포기하였기에 하나님으로부터 관심을 돌렸다고 볼 수 있습니다. 이미 말씀드렸듯이, 영적 나그네를 포기하면 세상 사람과 다를 바가 없고 세상 사람처럼 하나님만을 주목하지 않게 됩니다. 하나님을 주목할 때 하나님께서 주목하시는 시선을 느낄 수 있고, 하나님의 도우심을 얻을 수 있습니다.

야곱의 사건은 동일하게 우리에게도 적용해 볼 수 있다고 생각합니다. 야곱이 나그네임을 포기하며 주저앉았던 세겜 땅에서의 10년은 하나님이 카운트하시지 않는 시간이었습니다. 마찬가지로 내가 하나님 앞에 나그네임을 고백하지 않는 시간도 하나님이 카운트하지 않는 시간이라고 할 수 있습니다. 내가 영적 나그네라고 자부한다면, 그리고 나그네길이 원래부터 힘들고 어려운 것을 알고 있다면, 이 길을 걸어가며 겪는 그 어떤 어려움도 이겨낼 수 있지 않겠습니까? 그 대신 어려울 때마다, 고통스러울 때마다, 주님께 나를 붙잡아달라고 주님을 더 의지할 수 있지 않겠습니까? 하지만 나그네라고 하는 정체성을 놓아버리면, 고난과 어려움이 올 때마다 불평과 원망만 잦아듭니다. 혹여나 고난과 어려움을 이기려고 노력은 하지만 내 위주로 신앙생활이 흘러가 버리고 맙니다. 기억하십시오. 영적인 나그네 삶을 살기로 결단하고 그렇게 출발한 순간부터 천국은 침노당하기 시작합니다. 그리고 그 때부터 하나님의 나라가 내 삶에 이루어지기 시작합니다.

왜 많은 사람들이 나그네 삶을 못 사는 줄 아십니까? 그들이 가진 것이 너무 많기 때문입니다. 이렇게 얘기하면 저도 피해갈 수 없습니다. 이전에는 아이들 먹일 분유살 돈조차 없어서 그렇게 울었는데, 지금은 그래도 살만하거든요. 그래서 늘 결단이 필요한 것 같습니다. '주님이 원하시면 언제든지 내려놓을 수 있습니다. 주님이 원하시면 언제든지 떠날 수 있습니다. 주님이 원하시면 언제든지 포기할 수 있습니다.' 이 결단을 언제나 마음에 새기고 살아가야 합니다. 이것이 영적 나그네의 삶입니다. 이미 이 땅에서 많은 것을 누리는 사람은 아무리 나그네의 삶을 외쳐도 내가 가진 것을 포기하기가 쉽지 않습니다. 그래서 때로는 절제도 하고, 때로는 내 것을 다 나눠주기도 하며 나그네에 걸맞은 삶을 살아야 됩니다.

하나님 나라를 경험하는 신앙생활

여러분 가운데 '하나님 나라는 죽어서 가는 나라가 아닌가?'라고 생각하시는 분들이 계실 것입니다. 분명히 말씀드리면, 하나님 나라는 죽어서 가는 것이 아니라 이 땅에서 누리다가 가는 나라입니다. 하나님 나라는 이미 시작되었지만(already), 아직 완성되지 않은 나라이기 때문입니다(not yet). 우리는 이미 시작되었지만 아직 완성되지 않은 하나님 나라의 중간에서 신앙생활을 하고 있습니다. 그렇기 때문에 우리는 이미 시작된 하나님 나라를 경험할 수 있고, 그 하나님 나라를 지속적으로 경험하며 완성될 하나님 나라를 향한 소망을 가질 수 있습니다.

하나님 나라를 어렵게 생각하지 마십시오. 하나님은 이 땅에 있는 모든 사람들이 하나님 나라의 일원이 되기를 원하십니다. 우리가 우리의 주권을 내려놓는 만큼, 우리의 십자가를 지는 만큼 하나님 나라가 우리 안에 보이기 시작할 것입니다.

어떤 사람은 하나님 나라를 그렇게 원하는데 왜 못 누리는지 아십니까? 하나님 나라를 갈망하지만 자신이 붙잡고 있는 것들을 내려놓지 못하기 때문입니다. 그래서 십자가가 하나님 나라를 들어가게 하는 문이며 지속적으로 누리는 방법이라는 것입니다. 많은 사람들이 이런 걱정을 합니다. '이것을 내려놓으면, 이것을 포기하면 나는 어떻게 살아가지?' 그러나 분명히 기억하십시오. 나의 주권이 내려놓아질 때, 저 지평선 너머에 있는 하나님 나라가 펼쳐지기 시작합니다.

하나님 나라는 우리 믿음의 선조들이 늘 누리며 살았던 나라입니다. 바울 사도가 그렇게 감옥을 자기 집처럼 드나들고 매를 맞아가면서도 예수를 포기하지 않았던 가장 중요한 이유가 어디에 있었습니까? 바울의 삶을 세상적으로 보면 초라했을지 모르고, 많은 사람들이 존경할 만한 대상이 되지 못했을 수도 있습니다. 그런데 그가 땅바닥에서 자던지, 감옥에서 자던지 그 안에서 하나님을 부르기만 하면 하나님이 찾아오셨다는 것입니다. 하나님이 그를 다스리기 시작하셨던 것입니다. 하나님이 바울을 하나님의 주권으로 꼭 붙잡고 계셨던 것입니다. 이것이 하나님 나라입니다.

하나님 나라를 맛보지 않고는 이 험한 세상에서 예수 붙잡고 신앙생활하기가 너무 힘듭니다. 나의 십자가를 지고 예수를 믿는 것은 쉽고도 어려운 것입니다. 왜냐하면, 이 문제는 나에게 달려있기 때문입니다. 내가 결단하지 못하고, 내려놓지 못하기 때문에 예수를 믿는 것이 어려운 것입니다. 결국 내가 내려놓고, 포기한 만큼 하나님이 나를 통치하시고 다스리실 것입니다. 내 것은 꼭 붙잡고 있으면서 하나님 나라가 임하게 해달라는 기도는 쉽게 응답받지 못할 것입니다. 우리의 삶에 하나님 나라가 온전히 임하기 위해서는 반드시 십자가를 통과해야 합니다.

오늘날 신앙인들 가운데 하나님 나라를 경험하지 못함으로써 발생되는 결과가 있습니다. 그것은 바로 천국에 대한 소망을 잃어버리게 된 것입니다. 천국에 대한 소망을 잃어버렸기 때문에 예수를 믿으면서도 이 땅의 것들만 눈에 보이게 되는 것입니다. "하나님 나는 언제 좀 더 넓은 집으로 이사를 가나요?" "하나님 나는 언제 좀 더 큰 차로 바꾸나요?" "하나님 나는 언제 취업하나요?" "하나님 나는 언제 좋은 짝을 만나나요?" 이러한 질문은 이 땅을 살아가면서 중요한 문제라고 할 수 있습니다. 그런데 그 문제 속에서도 더 우선이 되어야 할 천국에 대한 소망은 우리에게 희미해져 버린 것입니다. 천국을 바라보면서도 그 모든 일들이 따라오면 좋겠는데, 그 천국을 바라보지 못한 채, 이 땅에 있는 것들만 추구한다는 것입니다. 이것이 지속되면 기독교는 기형이 되어버리고 맙니다. 기독교가 잘못된 종교가 되는 것입니다.

저는 신앙인들이 천국에 대한 소망을 잃어버리게 되는 이유에 대해 고민을 많이 했습니다. 그리고 한 가지 답을 얻게 되었습니다. 우리가 언제 천국을 기대하게 됩니까? 이 땅에서 천국을 경험할 때 천국에 대한 기대감도 더 커져갑니다. 신앙의 선배들의 말로 표현하자면, 은혜가 있어야 세상 것이 보이지 않는다는 것입니다. 은혜를 받는다는 것이 다른 표현으로 말하자면 하나님 나라에 대한 경험인 것입니다. 그 하나님 나라가 경험되어야 천국에 대한 소망이 생기는 것입니다.

다시 말씀드리지만, 공중 권세 잡은 자가 꽉 쥐고 흔드는 세상 가운데서 하나님의 사람으로 살아간다는 것은 결코 만만치는 않습니다. 이 속에서 내 힘으로 살아가려고 한다면, 나는 이리 치이고 저리 치일 수밖에 없을 것입니다. 그래서 이 땅을 살아갈 때 하나님의 주권과 하나님의 통치 안에 들어가지 않으면 세상을 이길 수가 없습니다.

출애굽기에 보면 이스라엘 백성이 애굽에서 430년 동안 살았는데, 어느날 애굽의 왕이 바뀌면서 모진 고난을 받았습니다. 고난이 너무 힘들자, 그들은 애굽에서 자신들이 믿던 신들에게 구해달라고 기도했습니다. 하지만, 그 신들은 죽어있는 우상들이었기 때문에 어떤 능력도 펼치지 못했습니다. 결국 이스라엘 백성은 조상들이 믿었던 하나님을 불렀습니다. 그리고 그 하나님이 아브라함과 이삭과 야곱과 세운 언약을 기억하사 이스라엘의 소리를 듣고 찾아가셨습니다. 그런데 중요한 것은 하나님이 이스라엘 백성을 애굽에서 건져만 내신다고 문제가 끝나는 것이 아니라는 점입니다. 여기에서 하나님 나라의 중요성을 다시 찾아볼 수 있습니다.

이스라엘 백성들이 애굽에서 힘들었을 때, 하나님께서 그들의 기도를 들으시고 그들을 애굽으로부터 구해놓으시고 끝내셨다면, 그들은 이후에 어떻게 살아가야 할지 몰랐을 것입니다. 그러나 하나님은 이스라엘을 향한 원대한 계획을 가지고 계셨습니다. 이스라엘은 하나님에게 애굽으로부터 구해달라고만 했지만, 하나님은 그들을 "건져내고, 인도하여, 데려가려"(출3:8) 하셨던 것입니다. 이것이 하나님의 뜻입니다.

십자가 복음이 하나님 나라와 떨어질 수 없는 이유가 여기에 있습니다. 예수를 믿고 구원받은 사람을 그냥 내버려두면 이 땅에서 이리 치이고 저리 치이는 미운 오리 새끼가 되는 것입니다. 그렇기 때문에 구원받은 사람은 반드시 하나님의 통치 안에 들어와야 합니다. 그럴 때, 하나님이 그 사람을 인도하시고, 목적지까지 데려가신다는 것입니다. 그런데 구원받았음에도 불구하고 하나님의 통치 안에 들어와 있지 못하기 때문에 어렵고 힘든 것입니다. 하나님 나라라고 하는 것은 예수 믿고 구원 받은 사람들이 누려도 되고 안 누려도 되는 나라가 아니라, 절대적으로 누려야 될 나라입니다. 하나님의 통치 아래에 머물면서, 우리가 해야 될 일은 한 편으로는 하나님 나라를 맛보면서 완전한 하나님의 나라를 소망하며 달려가는 것이고, 다른 한 편으로는 어둠의 세상에서 하나님 나라를 모르고 죽음을 향해 달려가는 사람들을 향해 하나님 나라를 전하는 것입니다. 예수를 믿고 구원은 받았지만 하나님 나라를 누리지 못한다면, 상처투성이인 그리스도인이 되고 맙니다. 우리 주변에는 의외로 상처투성이인 그리스도인이 많이 있습니다. 저는 그 상처들이 하나님 나라를 경험하기만 하면 온전히 치유된다고 믿습니다. 그리고 하나님은 그들을 치유하실 뿐만 아니라, 하나님의 강한 군사로 세워 가실 것도 믿습니다.

세상을 이기는 힘! 하나님 나라의 경험!

여러분, 돈이 생기고, 병이 치유되고, 나를 괴롭히는 자들이 무너지는 것이 하나님 나라가 아닙니다. 세상적인 기준이 채워지는 것이 하나님 나라가 아니라, 영적으로 다시 회복되어 지는 것이 하나님 나라입니다. 하나님이 통치하시고 나를 다스리기 시작하시면서 내가 하나님과 하나가 되는 것입니다. 하나님이 함께 하시니 어떠한 상황 속에서도 절대적인 의, 평강, 희락을 경험하며 이 땅에서 천국을 누리며 승리할 수 있습니다.

결국은 내가 문제입니다. 내 안의 근심, 걱정, 불안이 있어서 내가 나를 이기지 못하는 것입니다. 그러나 내가 해결할 수 없는 문제가 산더미처럼 내게 쌓여있어도, 주님이 나를 찾아오심으로 내 안에 있는 염려, 두려움, 불만이 사라지고 절대적인 평안만 있으면 찬양의 가사처럼 천국을 살아갈 수 있습니다. "높은 산이든 거친 들이든 초막이든 궁궐이든 내 주 예수 모신 곳이 그 어디나 하늘나라" 이 찬양의 가사처럼 내가 어떠한 곳에 있든지 그 안에서 하나님 나라를 누릴 수 있다는 것이 그리스도인에게 가장 큰 특권이자 축복임을 잊지 말아야 합니다.

그런데 우리가 하나님 나라를 누리며 살아갈 때, 우리에게 주어지는 특권이 있습니다. 그것이 세상을 이길 수 있는 힘입니다. 세상을 이길 수 있는 힘! 세상을 변화시킬 수 있는 힘은 세상 안에 있지 않습니다. 우리가 세상이 가지고 있지 못한 것을 누리고 세상에 나타낼 때, 세상은 우리를 두려워합니다. 세상은 세상과 다른 것을 감당할 수 없기 때문입니다. 그러므로 초대교회 성도들이 힘도 없고, 능력도 없고, 가진 것이 없는 소수의 사람들이었지만 그들을 통하여 세상이 변화되기 시작한 것은 기독교만 가지고 있는 핵심적 가치, 곧 하나님 나라가 성도들에게 누려지고 세상에 보여 졌기 때문입니다. 세상은 그것이 두려워 그리스도인들을 때리고 가두고 채찍질 하였지만, 그것으로 그들을 막을 수 없었습니다. 오히려 기독교는 핍박과 박해 속에서 더 능력 있게 세상 속으로 퍼져가기 시작하였습니다.

초대교회의 사도 바울을 생각해 보십시오! 많은 그리스도인들이 사도 바울을 닮고 싶어 합니다. 그런데 바울을 닮고 싶어 하는 사람들을 유심히 살펴보면, 그의 능력, 영혼의 열매, 명성 등 위대한 사도의 모습을 먼저 보지요. 그러나 그가 가는 곳마다 핍박당하고 내동댕이쳐지고, 환난당하고, 감옥을 내 집 드나들 듯이 다닌 것을 닮고자 하는 사람은 없는 것 같습니다.

하지만 우리는 그가 수많은 고난을 이겨나갔기 때문에 그렇게 위대한 사도가 될 수 있었던 사실을 기억해야 합니다. 어떻게 그 많은 고난을 이겨 나가는 것이 가능했습니까? 저는 그 해답을 하나님 나라에서 찾고 싶습니다. 그가 복음을 전하다가 아프고 힘들 때마다 하나님을 얼마나 간절히 불렀을까요? 그런데 하나님은 그때마다 그에게 찾아오셨습니다. 그러자 그곳이 천국이 되었지요! 수많은 고통과 두려움이 있었지만, 주님이 찾아오시는 기쁨이 너무나 크기 때문에 그 모든 것을 참을 수 있었던 것입니다. 이처럼 기가 막힌 이야기도 없을 것입니다. 하나님이 찾아오시자 감옥까지도 하나님 나라가 되는 역사가 일어났기 때문입니다. 그리고 그가 밟는 땅마다 세상은 복음의 능력으로 변화되기 시작하였습니다. 바울 한 사람을 통하여 세상이 변화되기 시작한 것입니다.

이 험난한 세상에서 예수를 잘 믿으면 복만 받는 것이 아닙니다. 반드시 고난도 따라오기 마련입니다. 고난이 있다는 것은 내 안의 신앙이 참된 신앙이라는 증거입니다. 왜냐하면 이 세상은 한 사람이 온전한 그리스도인으로 성장해 가는 것을 내버려 두지 않기 때문에 그렇습니다. 그러나 그 고난을 이길 힘이 나에게 있지 않기 때문에, 그때마다 하나님을 간절히 부르는 것이 참된 신앙생활입니다.

사도 바울과 같은 길을 먼저 걸어갔던 스데반을 잘 아실 것입니다. 그런데 그는 돌에 맞아 순교하였습니다. 인간적으로 본다면, 돌에 맞아 죽는 것처럼 힘들고 고통스러운 아픔도 없을 것입니다. 그 돌이 머리를 한 번 치고, 코를 한 번 치고, 눈을 한 번 치고, 가슴을 한 번 칠 때마다 그 아픔을 이겨낼 수 있는 힘이 어디에 있었을까요? 그것은 바로 주님의 임재입니다. 그 고통 가운데 스데반에게는 하늘 보좌가 열리며 하나님 나라가 임했습니다. 그랬기 때문에 그는 절대적인 평안함 속에 자신에게 고통을 준 자들을 축복하며 세상을 떠날 수 있었던 것입니다. 이것이 세상을 이기는 것입니다. 세상 사람들이 할 수 없는 것을 스데반은 죽으면서도 보여주었기 때문입니다. 살다보면 이와 같은 고통으로 이리 치이고 저리 치일 수도 있습니다. 그러나 주님의 임재하심이 있기만 한다면, 우리의 삶에도 이처럼 놀라운 역사가 일어날 수 있음을 기억해야 합니다.

예전에는 주님의 이름만 불러도 감사가 있고 눈물이 있었던 시간이 있었습니다. 그러나 그러한 눈물이 사라졌다면 다시금 회복해야 합니다. 그 눈물과 감사의 고백이 우리 삶 속에서 더욱 깊어지기 시작한다면, 하나님 나라가 우리 가운데 풍성하게 누려질 것입니다. 그 절대적인 평강과 기쁨과 소망 가운데로 깊이 들어갈 수 있을 것입니다. 예수 믿는 것은 바로 이러한 것입니다. 예수를 믿는 것은 성경을 읽고 기도하고 찬양만 하는 것이 아닙니다. 그 모든 것을 통하여 하나님을 만나야 합니다. 하나님을 만나야 내가 변화되고, 회복되어질 수 있습니다. 하나님 나라가 우리 삶 가운데 누려질 때, 우리는 지속적으로 하나님을 만날 수 있습니다. 그렇기에 우리는 삶의 처소에서 "하나님 나라가 이곳에 임하시옵소서!"라고 간구해야 합니다.

저에게 어떤 분이 신앙생활을 하는 것에 대한 어려움을 토로한 적이 있었습니다. 목회자는 하나님의 일만 하면 되니까 쉽지만, 평신도들은 삶에서 이리 치이고 저리 치여서 내 신앙 지키기도 어렵다고 하셨습니다. 물론, 맞는 말씀이고 충분히 이해가 되는 부분입니다. 그러나 잘 생각해 보십시오. 우리가 이 땅에 살아가는 궁극적인 이유는 내가 잘 먹고 잘 사는데 있지 않습니다. 아무리 살기 어려워도 초대교회 신앙인들은 로마의 핍박 속에서 목숨을 걸고 죽을힘을 다해 예수를 믿었습니다. 그 신앙을 포기하지 않을 수 있었던 힘이 바로 '하나님 나라'였습니다. 예수 믿는다는 이유만으로 살이 찢겨지는 고통을 당해도 이길 수 있었던 이유였습니다. 그러나 지금은 더 편하게 예수 믿는 시대가 되었습니다. 그런데 삶이 힘들다는 핑계로 교회만 왔다 갔다 하는 것이 참된 그리스도인의 모습입니까? 결코 그렇지 않습니다. 단지 말씀만 읽고, 기도하고, 교회를 가는 것이 신앙이 아니라 우리가 믿는 그 하나님을 만날 때까지 나아가야 하는 것입니다. 나를 다스리길 원하시는 하나님께서 내가 하나님께 완전히 굴복되길 원하는 모습을 보실 때까지 몸부림쳐야 합니다. 하나님의 임재가 있을 때까지, 하나님 나라를 누릴 때까지 그 시간을 반복하는 것이 우리가 해야 할 몫이라는 것입니다. 그 때 우리가 경험하게 되는 하나님 나라는 결코 우리 생애에서 잊을 수 없는 놀라운 사건이 될 것입니다. 여러분, 주님의 임재를 간절히 소망하십시오. 하나님 나라가 이곳에 임하기를 간절히 구하십시오. 그리고 그 힘으로 세상을 이기며 나아가십시오!

더 깊은 연구를 위하여

1 세례요한 때부터 천국이 침노를 당한다고 말씀하신 이유를 말해보세요.

2 왜 천국은 침노해야 합니까?

3 나는 얼마나 천국을 침노하는 사람입니까?

❹ 세례요한이 회개를 천국과 연결하여 선포한 이유는 무엇일까요?

❺ 영적인 나그네의 삶이 왜 그리스도인의 중요한 정체성이라고 말할 수 있습니까?

❻ 영적인 나그네의 삶과 하나님 나라와는 어떠한 연관성이 있습니까?

❼ 야곱이 영적인 나그네의 삶과 하나님 나라와의 연관성을 '벧엘'과 '세겜', 그리고 다시 '벧엘'에서 일어난 사건을 중심으로 설명해 보세요.

❽ 현재적 하나님 나라는 왜 십자가를 통해서 시작된다고 할 수 있을까요?

❾ 하나님 나라를 이 땅에서 누리는 것이 왜 세상을 살아가는 그리스도인의 능력이 될까요?

❿ 하나님 나라를 이 땅에서 누리는 것이 세상을 변화시키는 것과 어떠한 연관이 있습니까?

4장

고질적인 죄와 하나님 나라

요나 2:1-9

1 요나가 물고기 뱃속에서 그의 하나님 여호와께 기도하여
2 이르되 내가 받는 고난으로 말미암아 여호와께 불러 아뢰었더니 주께서 내게 대답하셨고 내가 스올의 뱃속에서 부르짖었더니 주께서 내 음성을 들으셨나이다
3 주께서 나를 깊음 속 바다 가운데에 던지셨으므로 큰 물이 나를 둘렀고 주의 파도와 큰 물결이 다 내 위에 넘쳤나이다
4 내가 말하기를 내가 주의 목전에서 쫓겨났을지라도 다시 주의 성전을 바라보겠다 하였나이다
5 물이 나를 영혼까지 둘렀사오며 깊음이 나를 에워싸고 바다 풀이 내 머리를 감쌌나이다
6 내가 산의 뿌리까지 내려갔사오며 땅이 그 빗장으로 나를 오래도록 막았사오나 나의 하나님 여호와여 주께서 내 생명을 구덩이에서 건지셨나이다
7 내 영혼이 내 속에서 피곤할 때에 내가 여호와를 생각하였더니 내 기도가 주께 이르렀사오며 주의 성전에 미쳤나이다
8 거짓되고 헛된 것을 숭상하는 모든 자는 자기에게 베푸신 은혜를 버렸사오나
9 나는 감사하는 목소리로 주께 제사를 드리며 나의 서원을 주께 갚겠나이다 구원은 여호와께 속하였나이다 하니라

이미 시작된 하나님 나라를, 이 땅에서 그리고 내가 지금 있는 곳에서 지속적으로 누리고 있느냐 없느냐를 알 수 있는 척도가 있습니다. 그것은 하나님과 올바른 관계가 정립되어 질 때 찾아오는 절대적인 평강입니다. 예전에는 내 마음에 평강이 있었어도, 지금 누리지 못하고 있다면 다시 회복해야 합니다. 하나님 나라는 한번 누리고 끝나는 것이 아니라, 지속적으로 누려야 할 나라이며, 그때 그 깊이와 풍성함 속으로 들어갈 수 있기 때문입니다.

그런데 많은 그리스도인들이 하나님 나라를 지속적으로 경험하기를 갈망하지만, 삶 가운데서 평강을 누리지 못하고 지쳐 있습니다. 기도는 기도대로 하고 걱정은 걱정대로 하는 모습을 참 많이 보게 됩니다. 왜 그럴까요? 가장 중요한 이유는, 십자가 앞으로 나아가 나의 마음을 주님께 온전히 내려놓고 나의 삶을 주님께 맞추는 행위가 지속적으로 없기 때문입니다. 이것을 회개라고 할 수도 있습니다. 내 마음을 내려놓는 것은 내 삶을 돌이키는 행위이기 때문입니다. 물론 내 힘으로는 불가능하기에 성령의 도우심을 받아야 합니다.

그리스도인의 고질적인 죄: 내 고집대로 하나님을 신앙하는 죄

그런데 이 장에서 주의 깊게 살펴보고자 하는 것은, 많은 그리스도인들로 하여금 하나님 나라를 풍성히 경험하는데 가장 크게 방해

하는 종교적인 고질적인 죄가 있다고 하는 것입니다. 이것을 달리 표현하자면, 내 고집대로 하나님을 신앙하는 행위라고 할 수 있습니다. 그 특징으로는, 나름대로 종교적인 행위도 있고, 열심도 있기에 이러한 모습을 크게 죄라고 인식조차도 못하고 있으며, 또한 고치려고 쉽게 노력하지도 않기에 하나님 나라의 풍요로움을 누리는데 큰 방해가 된다는 것입니다. 회개하면 되지만, 흔히 이러한 종류의 죄가 도덕적이거나 윤리적이지 않기에 외부에 보이도록 드러나지도 않고, 또한 이제까지 내 마음대로 신앙생활을 해온 고집이 있기에 쉽게 하나님께 맞추지도 못합니다. 잘못된 고집이 문제이지요. 그러나 도덕적으로, 윤리적으로는 죄라고 정의할 수 없어도, 아버지의 마음을 헤아리지 못하여 내 고집과 편견대로 즉 내 방식대로 하나님을 신앙해왔던 부분은 분명한 죄입니다. 창세기 3장을 보면, 죄는 하나님께 불순종하며 내 마음대로 행동한 것에서 시작되었기 때문입니다. 그러므로 아무리 열성스럽게 종교적인 행위를 하더라도, 하나님을 예배함에 있어 내 방식대로 한다면 하나님의 임재를 경험할 수 없습니다.

성경에 보면, 요나가 그 대표적인 사람이었습니다. 그는 선지자였지만, 자기 방식대로 하나님을 섬기려했습니다. 하나님께서 직접 나타나셔서 말씀하셨어도 따르지 않았습니다. 그러니 예전에는 그에게 하나님의 임재와 말씀이 주어졌어도, 현재 지속적으로 하나님의 임재를 경험하기는 어려웠습니다. 그러나 극한 상황까지 몰고 가서라도 다시금 회복시키시는 하나님의 인자하심과 사랑 때문에 요나는 물고기 뱃속에서 회복되어 다시 하나님의 임재를 경험하게 됩니다. 물고기 뱃속에서 하나님 나라를 경험한 것입니다. 장소가 중요하지 않습니다. 죄에 대한 진정한 회개가 있는 곳에서 다시 하나님의 나라는 누려질 수 있고 회복될 수 있음을 성경이 말하고 있는 것입니다. 그렇기에 그리스도인들이 하나님 나라를 풍성히 누리는데 큰 방해가 되는 '내 방식', '내 고집', '내 생각'을 돌이켜 '하나님의 뜻'에 맞추며 날마다 살아가기 위해서 요나의 예는 아주 중요한 지침을 제시해 줍니다.

회개! 하나님 나라를 지속시키는 방법!

이미 앞에서 서술하였지만, 회개를 통한 하나님 나라의 침노는 현재적 하나님 나라를 경험하는 중요한 방법입니다. 물론, 어떤 사람들은 찬양을 하면서도 하나님 나라를 경험하고, 기도를 하면서도 하나님 나라를 경험합니다. 이런 분들은 일반적으로 하나님과의 지속적인 교제가 있고, 죄 된 부분들을 회개함으로 하나님과의 만남이 잦은 사람들일 수 있습니다. 즉, 이미 하나님 나라를 누릴 수 있는 준비가 되어 있는 분들입니다.

그러나 중요한 것은 내가 찬양을 하고, 기도를 하더라도 하나님의 나라가 내 안에 임하는 것 같지 않다고 느껴진다면, 이것은 내 안에 무언가 막힌 것이 있다는 싸인임을 알아야 합니다. 그리고 그때마다 그리스도인들은 또 다시 회개하여야 합니다. 막힌 것을 뚫을 수 있는 가장 중요한 방법은 십자가 앞에 나아가 나의 죄 된 모습을 회개 하는 일이기 때문입니다. 회개를 통한 천국의 침노적 행위는 하나님 나라를 시작하게 하고 경험케 하는 방법이지만, 시작된 하나님 나라를 지속적으로 누릴 수 있는 방법도 역시 회개입니다. 회개를 통하여 하나님과의 관계가 지속적으로 회복되고 유지되기 때문입니다.

회개와 십자가와의 관계

그러면 회개와 십자가는 어떠한 관계가 있습니까? 진정한 회개는 십자가 앞에서 할 수 있습니다. 우리 스스로가 우리의 죄 된 삶을 돌이키려면, 우리의 힘으로는 불가능합니다. 이미 우리 죄를 사하여 주신 예수님의 십자가의 도움 없이는 진정한 회개가 불가능합니다. 그리고 그 십자가의 보혈 없이는 어떠한 죄도 사함을 받을 수 없습니다. 그러므로 그리스도인들이 자신의 삶을 돌아보며 회개한다고 하였을 때, 그 행동은 반드시 십자가와 연관되어 있고 십자가를 바탕으로 하고 있는 것입니다. 십자가 앞으로 나오는 행위 자체가 회개의 시작이라고 할 수 있습니다. 그러므로 하나님 나라를 이 땅에서 누릴 수 있도록 시작케 해주는 도구도 십자가이지만, 지속적으로 누리게 해주는 도구도 십자가임을 알게 됩니다.

여러분! 예전에는 하나님의 임재가 있었지만, 현재 그것을 지속적으로 누리지 못하고 살아가는 그리스도인들의 삶의 특징이 무엇인 줄 아십니까? 바로 나의 봉사와 헌신이 내 '의'가 된다는 사실입니다. 이것은 요나를 통해서도, 그리고 신약성경의 바리새인들의 모습을 통해서도 알 수 있습니다. 요나는 이 장에서 다룰 내용이기에, 바리새인들을 살펴봅시다. 그들은 일주일에 세 번 금식을 하고, 하루에 세 번씩 작정한 시간에 기도를 했습니다. 이 얼마나 중요한 행위입니까? 그런데도 변화가 없었다는 것은 하나님의 임재가 없었기 때문입니다. 그렇게 되면, 그것이 나의 '의'가 되어 그렇게 살지 못하는 사람들을 정죄하기 시작합니다. 바리새인들이 그러했습니다. "구원 받는 것이 그렇게 쉽더냐? 이렇게 매주, 그리고 매일 금식하고 기도하는 나도 아직 천국을 보지 못했는데, 너희가 구원 받았다고 이야기하면 우리는 무엇이냐?"라고 그리스도인들을 공격했습니다. 혹시 우리 안에도 이런 모습이 있지 않은지 돌아보아야 합니다. 그렇다면 다시금 하나님 임재 안에 거할 수 있도록, 그리고 모든 것이 주님의 은혜임을 깊이 깨닫게 해달라고 기도해야 합니다.

요나를 통해 보는 '회개'를 통한
하나님 나라 회복'의 stereotype(전형적인 틀)!

사실, 회개하면 다시 하나님 나라를 지속적으로 누릴 수 있다는

데, 이 말을 듣고도 회개하지 않을 그리스도인들은 없을 것입니다. 그러나 우리에게는 고집스러운 죄가 있습니다. 요나 선지자가 그러했습니다. 그리고 이러한 모습은 그리스도인들에게 항상 나타날 수 있는 부분입니다. 그런데 이것 때문에 하나님의 지속적인 임재를 놓쳐버리게 됨을 알아야 합니다.

요나 선지자의 이름의 히브리 뜻을 살펴보면 '비둘기'입니다. 그만큼 요나 선지자는 온유한 자였습니다. 그래서 하나님이 사용하셨고, 더 크게 사용하시고자 했지만 그 안에는 국수주의적인 마음이 있었습니다. 그는 내 나라, 이스라엘만을 향한 하나님의 사랑을 원했습니다. 그래서 자신의 민족을 괴롭히는 니느웨를 향해서는 용서를 할 수도 없었을 뿐더러, 반드시 넘어뜨리고 멸망시켜야 하는 나라로 생각했을 것입니다.

요나도 연약한 인간이기에 자기 안에 있는 기준을 온전히 내려놓지 못했습니다. 그런 요나에게 하나님은 "나는 열방을 사랑한다."라고 말씀하십니다. 그래서 요나에게 부탁하신 것입니다. 하나님은 요나에게 "네가 내 말을 대언하는 선지자라고 한다면, 곧 죄로 무너질 니느웨를 향해 회개의 메시지를 전파하라!"고 말씀하셨습니다.

그러나 요나의 반응은 어땠습니까? 절대 갈 수 없다고 부정합니다. 요나는 정면으로 하나님을 거부합니다. 요나가 이렇게까지 한 이유를 생각해 볼 수 있습니다. 니느웨를 향한 하나님의 뜻이 있지만,

그 민족에 대한 자신의 거부감도 크기에, '내가 거부해도 하나님이 이해하실 수 있을 거야.'라는 마음이 요나 안에 있었을 것입니다. 그러나 안타깝게도 요나는 하나님의 마음을 전혀 알지 못했습니다. 아니 알았어도 순종할 수 없었습니다. 순종하지 않아도 하나님께서 이해해 주셔야 한다고 생각했을지 모릅니다.

그러나 하나님은 이스라엘을 열방에 구원의 강물을 흘려보내시기 위한 도구로 선택하셨습니다. 이스라엘이 잘나서도 귀해서도 아닙니다. 아브라함과의 언약을 지키시기 위하여 메시야를 보내실 것이고, 그 메시아의 도래를 통하여 이제는 온 열방의 구원을 위해 이스라엘을 사용하실 것입니다. 그러나 요나는 그것을 인정하지 못하고, 정반대의 길인 다시스를 향해 나갑니다. 하나님 말씀에 불순종한 결과로 요나는 바다에 던져졌고, 큰 물고기가 요나를 삼킵니다. 그러나 요나의 운명이 거기서 끝이 납니까? 그렇지 않습니다. 요나의 운명은 제 2막, 물고기 뱃속에서 새롭게 시작됩니다.

요나서 2장을 보면 알 수 있듯이 물고기 뱃속은 냄새나고 캄캄한 지옥과 같았습니다. 누구든지 그 물고기 뱃속과 같은 밑바닥은 없다고 생각할 만큼 지옥과도 같은 곳이었습니다. 그러나 그런 곳에서 인생의 새로운 역사가 출발합니다. 그렇다면 무조건 밑바닥으로 내려가야만 인생이 새롭게 시작됩니까? 결코 그렇지 않습니다. 새 인생이 시작될 수 있었던 것은 요나가 밑바닥까지 가서 한 일이 있었기 때문입니다. 그것이 바로 '회개'였습니다. 단지 '잘못했습니다.'라고 잘못을 뉘우친 정도가 아니라 그곳에서 완전히 180도 돌이켜 삶을 변혁시킨 회개였습니다. 그 진정한 회개로부터 요나의 삶은 다시 하나님과의 임재를 경험하며 새롭게 쓰이기 시작했습니다. 그래서 저는 요나 2장 1-9절의 말씀을 통해서 요나가 어떻게 진정한 회개를 하게 되었는지 9가지의 과정으로 살펴보고자 합니다. 이 과정은 하나님 나라의 지속적인 경험을 원하는 모든 그리스도인들이 동일하게 실천해야 할 기준이 된다고 생각합니다.

(1) 기도

요나가 물고기 뱃속에서 첫 번째로 한 일은 기도였습니다. 결국, 그 생애의 밑바닥까지 내려가서야 비로소 그의 입이 하나님을 향해서 열리게 됩니다. 기도는 하나님과의 '영적인 호흡' 입니다. 내가 어렵고 고통스러운 이유는 바로 하나님과 영적인 호흡을 하지 않기 때문입니다. 교회에서 대표기도를 하고, 또는 어떤 간단한 기도를 하더라도 그 기도가 하나님과 끈이 닿아 영적인 호흡을 하는 것이 중요합니다. "주님!" 하고 부르면, 그 주님이 느껴지며 눈물이 나고 주님이 나를 따뜻하게 안아주시는 느낌이 있기 때문에, 문제는 있지만 마음에 절대적인 평안함이 있는 그 기도 말입니다. 요나서 2장에 나타난 요나의 입장에서 보자면, 하나님께 부르짖는 기도가 회개의 시작이 됩니다. 그동안 요나는 하나님과 영적인 호흡을 같이 하지 못했었습니다. 그래서 결국 그는 삶의 밑바닥까지 내려가서야 '주님!' 하고 부르게 된 것입니다.

¹ 요나가 물고기 뱃속에서 그의 하나님 여호와께 기도하여 이르되

여기서 중요한 부분은 '기도하여' 입니다. 왜냐하면 기도가 회복되어지는 것이 바로 회개의 시작이기 때문입니다. 좀 전에 말했다시피 단지 '잘못 했습니다'라고 하는 것은 자백입니다. 성령이 임재하셔서 내 안의 죄를 깨닫게 하신 것을 동일하게 고백하고 인정하는 것이 자백입니다. 이것은 회개의 한 부분이지 회개의 전부가 아닙니다. 회개라고 하는 것은 하나님을 떠나서 잘못 가고 있는 내가 거기서 멈추고 180도 돌이키는 것입니다.

요나를 통해서 알 수 있듯이, 우리 안에 큰 잘못은 하나님과의 지속적인 만남과 교제도 없이 우리 마음대로 살아간다는 것입니다. 요나도 이전까지 그러했습니다. 그러나 요나는 기도를 다시 시작했습니다. 이제 요나는 하나님과 맞닿는 기도를 다시 시작하게 된 것입니다. 학생들이나 청년들이 찾아와서 저에게 상담을 할 때 저는 "먼저 기도해"라고 이야기 합니다. 간혹 그 학생들은 제 말이 따분한 대답

이라고 생각하고 "교수님, 저도 기도합니다"라고 쉽게 말합니다. 그리고 결국 나중에 또 다시 저를 찾아오기도 합니다. 제가 그러한 학생에게 묻고 싶은 것은 과연 당신이 하고 있는 기도가 하나님과 맞닿는 기도냐는 것입니다. 그러한 기도가 아니기 때문에 결국 똑같은 문제를 반복하는 것입니다. 잠깐을 기도하더라도 하나님과 만나는 기도를 해야 합니다.

이 글을 읽는 분들 가운데 정해진 시간에 기도하시는 분들이 있으실 것입니다. 그 시간은 내가 결단을 하고 내 마음과 의지를 드리는 부분이기 때문에 하나님이 너무나 기쁘게 생각하십니다. 그것은 찬양의 가사처럼 "내 영혼이 확정되고 확정되었사오니 믿음의 눈 들어 주를 바라봅니다."라는 마음의 고백입니다. 이와 같은 마음이 있는 곳에 봉사가 있고, 헌신과 물질이 따라갑니다. 마음이 없는데도 하는 봉사와 헌신은 바리새인처럼 그것이 자기 의가 되어서 남을 정죄하고 판단하게 됩니다.

여러분! 진정한 회개가 무엇인지 알아야 하나님 나라를 지속적으로 경험할 수 있습니다. 하나님 나라가 임하기를 원하는데 진정으로 회개를 하지 않는다면 모든 것이 형식으로만 남게 될 것입니다. 우리는 윤리적으로 지은 죄에 대해서는 민감해서 회개를 쉽게 합니다. 그러나 하나님이 말씀하신 것을 불순종 한 것에 대해서는 그만큼 민감하지 못하고, 회개에 대한 책임감을 느끼지 못합니다. 그만큼 아파하지도 않습니다. 하나님 앞에 불순종한 죄는 성령의 강력한 조명이 있지 않는 한 우리 가운데 잘 드러나지 않기 때문입니다. 그런데 이렇게 회개하지 않은 죄가 내 안에 쌓여져 있는데 어떻게 하나님께서 나를 찾아오실 수 있겠습니까? 그래서 내 안에 숨겨져 있는 죄를 드러내는 것이 중요합니다. 그래야 주님이 나의 죄를 사해주시고, 나를 찾아와 다시 만나주실 수 있습니다. 앞서 말한 것처럼 주님의 이름만 불러도 내 안에 깊은 감동과 눈물이 있는 그 경험, 그 부분이 회복되어지는 것은 진정한 회개가 있을 때 가능합니다. 그런데 그 진정한 회개는 하나님과의 호흡이라고 할 수 있는 기도가 회복되어지는 것으로부터 시작됨을 잊지 마십시오!

(2) 하나님의 언약을 붙잡음

요나가 하나님의 언약을 붙잡았다는 것은 하나님을 '여호와'라고 부른데서 알 수 있습니다. '여호와'라는 이름에는 '하나님은 세우신 언약에 신실하신 분입니다.'라는 고백이 들어있습니다. 우리 삶에서 하나님의 임재가 느껴질 때 아무리 힘들고 어려워도 우리는 하나님의 언약을 붙잡고 나갈 수 있습니다. 찬송가 가사 중에 "내 주와 맺은 언약은 영 불변하시니 그 나라 가기까지는 늘 보호하시네."라는 고백이 있습니다. 그러나 이 찬양의 고백이 진심으로 나오지 않을 때가 있는데 그 이유는 언약이 하나님이 나와 맺으신 약속같이 느껴지지 않기 때문입니다. 요나가 비로소 물고기 뱃속에 가서야 깨닫게 된 것이 바로 하나님의 언약이었습니다. '너는 내 백성이다. 나는 너의 하나님이다.'라는 언약이지요.

이것이 하나님이 우리에게 주시는 핵심적인 언약입니다. '내가 너를 버리지 않을 거야. 내가 너를 지켜줄 거야.' 이 언약을 붙잡으십시오. 내가 붙잡고 싶을 때는 언약을 붙잡고, 싫을 때는 이 언약을 망각하거나 내팽겨 치는 반복하는 삶에서 돌이키시기 바랍니다. 요나처럼 다시금 언약의 말씀을 붙잡아야 합니다.

생각해 보십시오. 물고기 뱃속에서 죽어가고 있는데 돈이 중요하겠습니까? 내가 이 세상에서 남긴 업적이 중요하기나 합니까? 나중에 주님 앞에 서게 되면, 얼마나 하나님의 언약을 붙잡고 따라 왔는지가 남을 것입니다. 그러므로 우리는 언약 백성답게 하나님의 언약을 다시 붙잡아야 합니다. "내 주와 맺은 언약은 영 불변하시니 그 나라 가기까지는 늘 보호하시네." 내 삶이 아무리 어렵고 밑바닥이라 할지라도, 하나님은 나의 하나님이시고, 내가 그 주님의 나라에 가기까지 나를 보호하시는 분이라는 사실을 믿으십시오. 하나님이 나를 지키시기 때문에 그 누구도 나를 공격할 수 없다는 것을 믿을 때 세상이 흔들 수 없는 평강이 임하게 됩니다.

구원받은 모든 자들은 이 언약의 기반 위에 세워진 자들입니다.

그러므로 이 사실을 잊어서는 안 됩니다. 아무리 밑바닥이어도 이 언약만 붙잡으면 살아갈 수 있습니다. '하나님이 나의 아버지이시고 나는 그의 자녀입니다. 그 분은 나를 포기하지 않고 나를 지키십니다.' 요나는 물고기 뱃속에 가서야 비로소 이것을 떠올렸습니다.

(3) 하나님의 말씀이 생각남

요나가 밑바닥까지 내려가게 된 이유는 하나님의 말씀에 불순종한 결과였습니다. 그런데 물고기 뱃속에 가서야 비로소 하나님의 말씀이 떠오르기 시작했습니다. 그리고 그 말씀을 묵상하면서 입으로 고백하기 시작합니다. 요나의 고백을 보면 그 고백이 시편의 말씀을 바탕으로 한 고백이라는 것을 알 수 있습니다.

이르되 내가 받는 고난으로 말미암아 여호와께 불러 아뢰었더니 주께서 내게 대답하셨고 (욘 2:2 상반절)	내가 나의 목소리로 여호와께 부르짖으니 그의 성산에서 응답하시는도다(시 3:4) 내가 환난 중에 여호와께 부르짖었더니 내게 응답하셨도다(시 120:1)
내가 스올의 뱃속에서 부르짖었더니 주께서 내 음성을 들으셨나이다(욘 2:2 하반절)	사망의 줄이 나를 얽고 불의의 창수가 나를 두렵게 하였으며 스올의 줄이 나를 두르고 사망의 올무가 내게 이르렀도다(시18:4-5) 여호와여 주께서 내 영혼을 스올에서 끌어내어 나를 살리사 무덤으로 내려가지 아니하게 하셨나이다(시 30:3)
주께서 나를 깊음 속 바다 가운데에 던지셨으므로 큰 물이 나를 둘렀고(욘2:3 상반절)	주께서 나를 깊은 웅덩이와 어둡고 음침한 곳에 두셨사오며 주의 노가 나를 심히 누르시고 주의 모든 파도가 나를 괴롭게 하셨나이다 (시 88:6-7)

주의 파도와 큰 물결이 다 내 위에 넘쳤나이다 (욘 2:3 하반절)	주의 폭포 소리에 깊은 바다가 서로 부르며 주의 모든 파도와 물결이 나를 휩쓸었나이다 (시 42:7)
내가 말하기를 내가 주의 목전에서 쫓겨났을지라도(욘 2:4 상반절)	내가 놀라서 말하기를 주의 목전에서 끊어졌다 하였사오나(시 31:22)
다시 주의 성전을 바라보겠다 하였나이다 (욘 2:4 하반절)	주의 집에 들어가 주를 경외함으로 성전을 향하여 예배하리이다(시 5:7)

    2절-5절까지 고백한 것은 요나 자신의 고백이 아니라, 말씀이 떠올라서 말씀에 감동이 되어 입으로 고백한 구절입니다. 지금까지 놓쳤던 하나님의 말씀에 다시 사로잡히게 된 것입니다. 이와 같이 말씀을 소중히 여기고 말씀이 중심이 되어, 그 말씀에 사로잡힐 때, 하나님께로 온전히 돌아올 수 있게 됩니다. 이것이 회개입니다. 그렇다면, 과연 나는 하나님이 나에게 말씀하신 부분을 소중히 여기고, 그 말씀이 중심이 되어 감동 가운데 살아가고 있는지 점검해 보아야 합니다.

    하나님의 말씀에 감동이 되어 살아가고 계십니까? 그 말씀 때문에 가슴을 치고 회개한 적이 있습니까? 그 말씀이 꿀 송이처럼 달아서 읽고 또 읽었던 경험이 언제입니까? 그 경험이 오래되었다면 나는 겉으로는 하나님을 잘 섬기고 있는 것 같지만, 정작 말씀과는 동떨어진 사람이라는 사실을 인정해야 합니다. 말씀에 사로잡힌 자는 수시로 말씀이 떠오릅니다. 우리에게 이것이 다시 회복되어야 합니다. 다시금 말씀의 사람이 될 수 있도록 간절히 구해야 합니다. 그래서 요나의 회개처럼 말씀으로 인해 우리의 삶이 돌이켜지는 경험이 있어야 합니다.

(4) 하나님의 섭리의 손길을 인정함

이제 요나는 지금까지 자신의 모든 상황을 인도하신 하나님의 섭리의 손길을 인정하기 시작합니다.

> ³ 주께서 나를 깊음 속 바다 가운데에 던지셨으므로 큰 물결이 나를 둘렀고 주의 파도와 큰 물결이 다 내 위로 넘쳤나이다

때때로 살아가면서 어려운 일이 생기고 힘든 일이 생기면, '재수 없어!'라는 단어를 씁니다. 그리스도인들도 이 단어를 사용하는 것을 봅니다. 그러나 우리 믿는 자들은 모든 세상사가 하나님의 섭리 가운데 있다는 것을 잊어서는 안 됩니다. 예수 믿고 구원 받았는데도 내 문제의 원인을 남에게 돌리고, 혹시 내 환경 탓으로 돌리는 불평을 하십니까? 이러한 불평은 하나님과 상관없이 살아가고 있다는 증거입니다. 왜냐하면 주님 안에서 회복된 자의 모습은 내 삶의 모든 영역이 하나님의 섭리 가운데서 합력하여 선을 이룬다고 고백하기 때문입니다. 요나가 그랬습니다. 결국 나라고 하는 존재는 물고기 뱃속까지 내려오지 않고는 회개할 수 없기 때문에 하나님이 나를 이곳에 보내셨다는 것을 인정했습니다.

내 삶의 모든 부분이 하나님과 연결되기 시작하면 문제도 풀어지

기 시작합니다. 그렇게 하지 못하기 때문에 환경과 사람을 불평하고 원망하는 것입니다. 고난과 역경 속에서도 '하나님이 나를 보내셨기 때문에 나를 다시 일으키실 분도 하나님이십니다.'라는 고백이 회복되어야 합니다. 그럴 때, 우리는 주님이 주시는 새 힘으로 다시 일어날 수 있습니다.

요나처럼 하나님의 섭리를 인정하고 자신이 있는 죄악의 길에서 돌이키는 것이 진정한 회개임을 기억하십시오. 그리고 회개를 통해 주님과의 막힌 것이 뚫어질 때 우리는 비로소 주님의 임재를 경험할 수 있습니다. 또한 내가 처한 모든 상황이 하나님의 섭리임을 인정할 때, 우리는 요나처럼 자신의 죄에 대한 진정한 회개를 할 수 있게 됩니다.

(5) 주의 성전을 바라봄

모든 것이 하나님의 섭리임을 인정할 때, 요나는 놓치고 있었던 부분을 다시 바라보게 됩니다.

> 4 내가 말하기를 내가 주의 목전에서 쫓겨났을지라도 다시 주의 성전을 바라보겠다 하였나이다

선지자였을 때에는 늘 주님 계신 그곳이 내가 다시 돌아갈 목적지였는데, 주님의 임재가 없게 되자 그 하나님이 계신 성전을 놓쳐버렸습니다. 그러나 물고기 뱃속에 가서야 비로서 그 고백이 회복되어졌습니다. 누가복음에 나오는 탕자의 비유에서 탕자가 모든 것을 다 탕진한 밑바닥에서 아버지의 집을 떠올리며 했던 고백과 같습니다.

이 땅에서 정상적으로 신앙생활 하고 있는 사람의 특징은, 하나님이 계신 하늘 보좌가 내가 돌아갈 영원한 안식처라는 것을 인정하며 살아간다는 것입니다. 그 주님의 보좌를 바라보며 날마다 떠올리고, 보좌를 향해 기도하고 달려가며, 보좌에 계신 주님의 임재를 느끼며 살아가는 것입니다. 이것이 우리가 이 땅을 살아가는 힘입니다. 요나는 이것을 잊고, 생각에서 지웠다가, 물고기 뱃속에 들어가서야 다시 하나님의 보좌를 떠올리기 시작한 것입니다. 하나님의 보좌가 내가 궁극적으로 돌아갈 고향임을 생각하고 갈망하십시오. 그 보좌에 계신 주님이 나에게 날마다 임재하시기를 소망하십시오.

(6) 자기 현실을 온전히 인식함

요나는 그 주님을 보자, 자신이 누구인지를 명확하게 인식합니다.

5 물이 나를 영혼까지 둘렀사오며 깊음이 나를 에워싸고 바다풀이

내 머리를 감쌌나이다

6 내가 산의 뿌리까지 내려갔사오며 땅이 그 빗장으로 나를 오래도록 막았사오나 나의 하나님 여호와여 주께서 내 생명을 구덩이에서 건지셨나이다

여기에서 요나는, 내가 이름도 없이 사라질 수 있는 존재임을 인정하게 됩니다. 하나님의 구원과 회복은 하나님의 시각으로 내가 누구인지 똑바로 보는 데서부터 시작됩니다. 그것은 '하나님 나는 아무것도 아닙니다. 내가 가진 것이 있다 한들 나는 아무것도 아닙니다.'라는 고백입니다. 이러한 고백이 있을 때, 자신에 대한 절망 속에서 하나님의 구원이 더욱 더 절실하게 다가옵니다. 그리고 이 때, 하나님은 우리를 긍휼히 여기셔서 당신의 구원과 회복을 베풀어 주십니다. 나에게 선한 것이 하나도 없음을 고백함이 다시금 하나님 나라를 경험하고 지속적으로 누릴 수 있는 또 다른 시작입니다. 하나님이 한번 치시면 밑바닥에서 죽을 수밖에 없는 존재임을 인정하는 것이 우리가 죽음에서 살아날 수 있는 길입니다.

(7) 하나님의 편재를 깨달음

물고기 뱃속에서 요나에게 하나님이 임재 하시자, 요나는 하나님

이 어디에나 계셔서 임재 하시는 분이심을 깨닫게 됩니다.

> 7 내 영혼이 내 속에서 피곤할 때에 내가 여호와를 생각하였더니
> 내 기도가 주께 이르렀사오며 주의 성전에 미쳤나이다

하나님은 어디에나 계시는 분입니다. 물고기는 심해의 밑바닥에 있지만 요나가 그 가운데 깨달은 것은, 이곳에서 기도해도 찾아오시는 하나님이심을 깊게 깨달았습니다. 도저히 하나님은 이 상황에까지는 오실 수 없다고 생각했지만, 그 상황을 뚫고 찾아오시는 하나님이심을 깨닫게 된 것입니다. 이 고백은 엄청난 고백입니다. '하나님, 이곳에도 계시네요.' 이와 같은 고백을 하는 사람은 아무리 힘들고 밑바닥이라도 소망을 가질 수 있습니다. 이 고백이 우리 그리스도인들 안에 있어야 합니다.

내가 현재 첩첩히 막힌 삶을 살아가고 있다면, 설마 이곳까지 하나님이 찾아오실까 의심을 하는 분들도 계실 것입니다. 그러나 그 가운데에서도 하나님이 찾아오심을 경험한 사람들의 입술에서 나오는 떨리는 고백이 바로 이 고백인 것입니다. 우리가 어디에 있을지라도, 하나님이 찾아오셔서 그곳이 하나님 나라가 된다면 우리에게 다음과 같은 눈물의 고백이 있을 것입니다. '주님! 여기에도 계시네요. 나를 찾아오셨네요. 나와 함께 하시는군요. 감사합니다.'

(8) 감사의 고백

물고기 뱃속에서 요나는 하나님께 감사의 기도를 올려드립니다. 시험의 한 가운데에서, 그리고 고통의 한 가운데 있지만 감사할 수 있는 것입니다. 세상 사람들은 우리를 향해 미쳤다고 할 수 있지만, 우리가 감사할 수 있는 이유는 그 분이 어떠한 상황 속에서도 우리와 함께 하시기 때문입니다. 물고기 뱃속에서도 기도가 회복되면서 하나님이 찾아오셨고, 그곳에 하나님 나라가 임했습니다. 그리고 요나는 하나님 나라 안에서 감사의 고백을 올려드릴 수 있었습니다. 그렇다면, 예수로 말미암아 오늘을 살아가는 우리에게는 얼마나 더 깊게 하나님 나라가 누려질 수 있겠습니까? 그래서 예수님은 말씀하고 계십니다. "회개하라. 천국이 시작되었다!" 숨겨진 종교적인 죄를 성령의 빛 가운데에서 드러내고 주님이 원하시는 온전한 회개를 통해 지속적인 하나님 나라를 누릴 수 있기를 원합니다.

(9) 오직 구원은 여호와께로!

마지막 요나의 고백은 그가 다시금 하나님의 사람으로 회복되었음을 증명하는 고백입니다. 왜냐하면, 이 말은 '하나님, 저 지금 죽어도 괜찮습니다. 살리고 죽이시는 것이 하나님께 있습니다.'라는 고백이기 때문입니다. 이것은 밑바닥까지 가서 온전히 회복된 사람만이 할 수 있는 고백입니다.

바울 사도도 감옥 속에서 동일한 고백을 했습니다. 이곳에서 죽어도 그렇게 그리던 주님과 얼굴을 맞댈 수 있음에 감사했고, 이곳에서 나간다 할지라도 사랑하는 동역자들과 다시 만나서 교제할 수 있으니 감사했습니다. 주님의 임재하심이 있기에 이 고백이 가능한 것입니다.

하나님께 모든 주권을 맡겨야 합니다. 그리고 하나님이 나를 통치하시고 지배하실 수 있도록 임재를 구하십시오. 그것이 경험되어질 때, 그곳이 물고기 뱃속이라도, '오직 구원은 여호와께 있습니다!'라고 고백할 수 있습니다.

하나님이 요나의 모습을 통해 지금 우리에게 말씀하시는 부분은 나의 종교적인 자만심, 그리고 쉽게 죄라고 인정하지 않을 수 있는 종교적인 편협함에서 돌이키라는 것입니다. 내 안에 하나님과의 관계를 막고 깊이 숨어있는 죄들을 끄집어내야 한다는 것입니다. 그럴 때 다시금 하나님 나라를 지속적으로 누릴 수 있습니다. 그러나 물고기 뱃속까지 내려가면 처참하고 힘이 듭니다. 그래서 하나님은 요나를 통해 거기까지 내려가지 말라고 우리에게 말씀하고 계신 것입니다.

십자가를 통하여 사망에서 다시 생명으로!

하나님 나라를 지속적으로 누린다는 것은 예수께서 가져오신 생명을 지속적으로 경험한다는 또 다른 표현을 사용할 수 있습니다. 그런데 성경에 기록된, "내가 진실로 진실로 너희에게 이르노니 내 말을 듣고 또 나 보내신 이를 믿는 자는 영생을 얻었고 심판에 이르지 아니하나니 사망에서 생명으로 옮겼느니라"(요5:24)라는 말씀은 기독교의 정체성이 무엇인지를 말해주고 있는 구절이기도 합니다. 기독교는 사망에 있던 자들을 생명으로 옮겨 놓는 종교, 즉 죽어있는 자들을 살리는 종교라고 할 수 있습니다. 이것은 하나님 나라의 경험이라고 할 수 있으며, 그렇기에 예수의 생명은 하나님 나라의 본질적인 특징이기도 합니다. 그런데 예수 믿으면서도 싸우고, 헐뜯으며 죽이는 일이 계속 일어납니다. 이것은 예수를 잘못 믿고 있다는 증거입니다. 내가 예수를 잘 믿고 있다면, 나를 통해 지속적으로 사람이 살아나야 합니다. 혹여나 나의 마음 가운데 누구를 죽이고 싶고 헐뜯고 싶은 마음이 있다면, 그 부분을 십자가에 못 박아야 합니다. 요한복음 5장 24절을 이해하기 위해서 더 보아야 하는 한 구절이 있습니다. 로마서 5장 17절입니다.

"한 사람의 범죄로 말미암아 사망이 그 한 사람을 통하여 왕 노릇

하였은즉 더욱 은혜와 의의 선물을 넘치게 받는 자들은 한 분 예수 그리스도를 통하여 생명 안에서 왕 노릇 하리로다"(롬5:17)

성경에서 주도적으로 이야기하는 것은 사망에 속해 있느냐, 아니면 생명에 속해 있느냐 입니다. 영적인 눈을 갖고 보면 이 땅에 있는 많은 사람들을 사망 가운데 있는 자들과 생명 가운에 있는 자들로 나눌 수 있습니다. 성경은 한 사람이 죄를 지어서 사망이 이 땅에 들어왔고, 그 사망이 모든 사람들에게 왕 노릇하기 시작했다고 이야기합니다. 저는 이 구절을 잘 이해해야 한다고 생각합니다. 우리는 흔히 사망을 죽는 것이라고 생각합니다. 그러다보니 당장 내 육체가 죽지 않는데 무슨 사망이냐 라고 생각할지 모릅니다.

이렇게 생각해 봅시다. 제가 몸살감기에 걸렸습니다. 갑자기 오한이 나고 콧물이 나고 기침이 나기 시작합니다. 결국에는 병원에까지 가서 링거를 맞게 되었습니다. 마찬가지로 사망이 이 땅에 들어왔을 때, 우리가 언젠가는 죽겠지만 죽기까지 나타나는 증상들이 있습니다. 그것이 바로 아픔, 상처, 괴로움, 고통, 시기, 질투와 같은 증상입니다. 하나님의 창조 질서 안에 들어가 있지 않은 그 모든 것들이 사망의 증상이자, 사망의 열매라고 이야기할 수 있습니다. 한 사람 아담이 죄를 지어서 이 땅에 사망이 들어왔는데, 이 사망이 들어와서 왕 노릇 하기 시작했습니다. 우리 마음에도 기쁨이 없고, 뭔가 아픔이 있고 힘들고 처져 있다면 나도 모르는 사이에 그 사망에 눌려있다는 사실을 알아야 합니다. 예수가 오신 것은 그 사망의 지배하에 있던 자들을 다시금 생명으로 끌어오기 위해서입니다.

만일, 예수의 생명이 우리 안에 들어와 있다면 생명의 증상들이 드러나기 시작합니다. 그 생명의 증상들은 사랑과 희락과 화평과 오래 참음과 자비와 양선과 충성과 온유와 절제, 즉 성령의 9가지 열매들, 그리고 하나님의 창조 질서 안에 있었던 모든 모습과 정서들이라고 할 수 있습니다. 예수를 믿는 자들은 사망에서 생명으로 옮겨졌다고 했는데, 중요한 것은 생명으로 옮겨진 일회적인 사건 자체가 중요한 것이 아니라 지속적으로 이 생명을 누리며 살아야 된다는 것이 중요합니다. 이것이 이 땅에서 하나님 나라를 지속적으로 누리는 삶의 또 다른 표현이라고 할 수 있습니다.

그런데 그 생명이 지금 내 안에 누려지지 못하고 있다면, 나는 예수를 믿고 구원받아 사망에서 생명으로 옮겨진 신분은 맞지만, 지금 또다시 사망이 나를 지배하고 있는 부분이 있을 수 있다는 것입니다. 왜 그렇습니까? 그리스도인들이 날마다 짓는 죄 때문입니다. 신분은 하나님의 자녀이지만, 날마다 십자가 앞에 나가야될 이유가 여기에 있습니다. 바울 사도의 '나는 날마다 죽노라.'라는 고백은 날마다 십자가 앞에 나가겠다는 고백입니다. 그 위대한 하나님의 사람도 날마다 하나님 앞에 나갔는데, 하물며 나는 날마다 십자가 앞에 나가야

되지 않겠냐는 것입니다. 그것이 지속적으로 하나님 나라를 누리는 방법입니다.

여기에서 십자가와 하나님 나라의 관계성을 볼 수 있습니다. 예수의 십자가가 없으면 모든 사람은 사망의 지배하에 있다가 인생이 끝나게 됩니다. 그런데 예수의 십자가 때문에 사망에서 생명으로 옮겨지는 역사가 일어났습니다. 그래서 누구든지 십자가 앞에 나오지 않으면, 하나님 나라를 누릴 수도 없고, 지속적으로 그리고 더 깊게 경험할 수도 없다는 것입니다.

여러분 안에 예수의 생명이 있습니까? 그 생명의 풍요로움이 있습니까? 그렇다면 그 생명을 얼마나 풍요롭게 누리고 계십니까? 혹시 그렇지 못하다면, 지금 이 시간에 이미 시작된 하나님 나라가 여러분들 가운데 마음껏 누려질 수 있기를 간절히 소망합니다. 요나처럼 삶의 밑바닥에 계신 분들, 너무나 힘들고 어려운 상황에 계신 분들이 계십니까? 소망을 가지십시오! 기도로 하나님과 영적 호흡을 할 수 있다면 이미 나는 회복된 것입니다. 하나님의 말씀을 회복하시고 언약을 붙잡으십시오! 그 분의 섭리를 인정하고 주의 성전을 다시 바라보십시오! 내가 어떤 사람인지 현실을 온전히 인정하고 하나님이 어디에나 계신 분인 줄 인식하시기 바랍니다. 그 때 감사의 고백과 모든 구원이 여호와께 속했음을 고백하게 됩니다. "구원하심이 보좌에 앉으신 우리 하나님과 어린양께 있도다."

구원하심이 하나님께 있다는 것은 내 모든 것이 하나님 손에 있다는 고백입니다. 이 세상에서 가장 무서운 사람이 바로 이 고백을 하는 사람입니다. 주님만이 구원자이시고, 주님만이 내 삶을 통치하시는 분이라는 고백입니다. 내가 회개하는 만큼 하나님 나라가 내 삶 가운데 임합니다. 아무리 많이 하나님 나라에 대해서 듣는다 할지라도 회개의 침노 없이는 그 나라를 경험할 수 없습니다. 그렇기 때문에 "회개하라! 천국이 가까이 왔느니라!" 가 예수님의 공생애 첫 번째 메시지였던 것입니다.

지금 이 순간에도 세상이 말하는 윤리적인 죄가 아닐지라도, 하나님 나라의 임재를 막고, 영적으로 방해가 되는 죄들이 내 안에 분명히 있을 수 있습니다. 선지자였지만, 요나처럼 하나님을 위한다고 하지만 하나님을 거역하여 하나님과 차단된 사람들이 있을 수 있습니다. 이러한 모습들이 우리로 하여금 하나님 나라를 지속적으로 누리게 하는데 방해가 되는 것입니다.

혹시, 하스데반 선교사님이 지은 "하나님께로 더 가까이 갑니다." 라는 찬양을 아십니까? 이 곡의 가사에는 굉장히 깊은 의미가 있습니다. 하나님께 가까이 갈수록 하나님의 영광과 깊음과 높음이 보여야 하는데, 오히려 그 분의 고통이 보인다는 고백입니다. "고통 가운데 계신 주님," 왜 고통 가운데 계신 주님입니까? 바로 죄 가운데 사는 하나님의 자녀들 때문입니다. 하나님은 이미 그 아들을 보내셔서 십자가에 못 박혀 죽게 하시고 다시 살리시어 우리를 회복시킬 구속의 길을 만들어 놓으셨습니다. 그러나 그 아들을 통해 하나님 나라를 이 땅에서 누릴 수 있도록 하셨음에도 불구하고, 그 가운데 들어가지 못하고 아픔과 고통 가운데 사는 하나님의 자녀들 때문에 아파하시고, 또 예전에는 하나님 나라를 누렸지만 지금 또 다시 하나님과의 관계가 막혀 지속적으로 누리지 못하는 하나님의 자녀들 때문에 아파하시는 것입니다. 이것이 우리를 향한 주님의 마음입니다.

제가 목회할 때 이사를 몇 번 했었습니다. 그런데 그 때마다 가장 고통 받는 것은 아이들이었습니다. 자주 전학을 다니다보니 적응도 잘 못하고 친구들이 잘 놀아주지도 않기 때문에 힘든 시간들을 보냈습니다. 한번은 저희 둘째 딸이 점심시간에 학교에서 다른 친구들과 어울리지 못하고, 다들 점심을 먹고 나간 후에 그제서야 울면서 도시락을 꺼내어 밥을 먹은 모습을 아내가 우연히 보고는 엉엉 울었다고 합니다. 저도 그 이야기를 듣고 동일하게 울었습니다. 여러분, 하나님의 마음도 이 마음과 같지 않을까요? 내 자녀의 아픈 모습, 힘들어하는 모습을 보고 더 아파하시는 분이 바로 우리 주님이십니다.

그래서 주님이 우리에게 그토록 원하시는 것이 하나님의 자녀로서, 그 하나님 나라를 지속적으로 누리며 이 땅 가운데 승리하며 사는 삶입니다. 사모하십시오. 하나님의 임재와 그 나라가 내 삶에 지속적으로 경험될 수 있도록 구하십시오. 그것이 우리가 이 땅을 살아가는 힘입니다.

더 깊은 연구를 위하여

1 나에게 고질적인 죄가 있습니까? 있다면 왜 그 죄가 고질적인 죄로 남아 있게 되었을까요?

2 도덕적이거나 윤리적인 죄가 아니더라도, 나는 하나님과의 관계가 원만하지 못할 때 그것을 죄로 인식하고 즉시 회복하려고 노력하는 자입니까?

3 하나님 앞에서 유독히 고집스러운 부분이 있습니까? 그것은 무엇이며 왜 그 고집이 생겨나게 되었을까요?

❹ 많은 그리스도인들이 지속적으로 하나님 나라를 누리지 못하는 이유가 내 고집대로 신앙생활을 하는 부분이라는 말을 성경의 예를 근거로 보충해 보세요(요나는 제외).

❺ 사사기에 자주 등장하는 "소견에 옳은 대로 행하였더라"는 구절을 내 고집과 연관지어 설명해보세요. 그리고 사사시대가 왜 영적으로 힘든 시기였는지 말해보세요.

❻ 회개와 십자가의 관계성을 설명해 보세요.

⑦ 물고기 뱃속에서 회복되는 요나의 9가지 과정을 하나씩 하나님 나라와의 관계성 안에서 설명해 보세요.

⑧ 하나님은 요나를 왜 물고기 뱃속에 넣으셨을까요? 하나님 나라의 관계성 안에서 설명해 보십시오.

⑨ 요나가 선지자 였으면서도 하나님을 거부한 이유가 무엇입니까?

⑩ 기독교를 살리는 종교, 즉 생명의 종교라고 말하는 이유를 십자가 중심으로 설명해 보십시오.

3부

십자가를 통해 풍요로워지는
하나님 나라

5장

'복음의 금강석'(롬 1:17)을 통해 누려지는 하나님 나라의 풍요로움

로마서 1:17

복음에는 하나님의 의가 나타나서 믿음으로 믿음에 이르게 하나니 기록된 바 오직 의인은 믿음으로 말미암아 살리라 함과 같으니라

하나님 나라를 누린 사람들의 특징이 있습니다. 그것은 하나님 나라를 맛보았기 때문에 그것을 지속적으로 추구하는 것입니다. 이미 시작된 하나님의 나라를 맛본 사람은 한편으로는, 아직 완전히 오지 않은 하나님 나라를 소망하면서, 또 다른 한편으로는, 그것을 더 풍성히 누리기를 기대하면서 영적 나그네의 길을 걸어갑니다. 이번 장에서는 복음의 금강석이라고 불리는 로마서 1장 17절을 가지고 어떻게 현재에 임한 하나님 나라를 더 풍성히 누릴 수 있는가에 관해 살펴보고자 합니다.

왜 복음의 금강석인가?

로마서 1장 17절은 '복음의 금강석'이라고 불리는 구절입니다. 복음은 기독교의 핵심이며, 복음이 없는 기독교는 더 이상 기독교이지 않습니다. 그런데 이 복음을 한마디로 기쁜 소식이라고 말할 수 있습니다. 그리고 "이 기쁜 소식의 핵심이 무엇이냐?"라고 물었을 때 사도 바울이 기록한 대로 "예수의 십자가와 부활"이라고 일반적으로 말 합니다. 그런데 신약성경에는 예수님의 십자가와 부활 사건을 기록한 많은 구절이 있습니다. 그러나 그 가운데서 로마서 1장 17절은 한 구절이지만 굉장한 힘이 있고 복음의 중요한 핵심을 기록한 것과 같다 하여 '금강석', 즉 '다이아몬드'와 같은 구절이라고 말하기도 합니다. 로마서 1장 17절의 뒷부분은 하박국서에 나오는 구약 성경을 그대로 인용했습니다. 하박국 선지자는 하나님 앞에서 다음과 같이 부르짖었습니다.

"하나님, 어떻게 악인이 저렇게 잘되고, 의인이 고난을 당하고 있는데 이렇게 참고 계십니까? 하나님, 도대체 이 나라는 어떻게 되는 겁니까?" 이러한 애통한 마음으로 하박국이 하나님 앞에 기도하는데 하나님께서 말씀하신 것이, "오직 의인은 믿음으로 말미암아 살리라"(합2:4)라고 말씀하신 것입니다. 이 말씀을 바울은 로마서 1장 17절 하반부에 인용하여 기록한 것입니다. 다시 말하자면, 구약의 하박국 선지자에게 말씀하신 핵심 내용이 이 구절에서 구체적으로 해석되어지고 적용되어졌다고 할 수 있습니다. 그렇다면 이 구절은 복음의 어떠한 내용을 담고 있을까요?

로마서 1장 17절에서 "복음에는 하나님의 의가 나타나서"라고 말씀합니다. 이 구절이 풀어지기 위해서는 먼저 '복음'이라는 단어가 풀어져야 합니다. 이미 앞에서 복음에 대해 대략적으로는 설명했지만, 그 의미가 어떻게 나오게 되었는지를 설명하면 다음과 같습니다. 신약성경에서 '복음'이라는 단어로 가장 많이 사용된 단어가 'Εὐαγγέλιον(유앙겔리온)'이라는 단어입니다. 이 단어는 '기쁜 소식'이라고 하는 의미를 가지고 있습니다. 그래서 흔히 우리가 복음을 'good news' '기쁜 소식'이라고 말하는 이유가 여기에 있습니다.

그런데 복음이 기쁜 소식이라는 의미를 가지고 있다는 것은 알았는데, 이 기쁜 소식의 핵심 내용이 무엇이냐고 묻는다면, 그 핵심은 바로 예수님의 십자가와 부활이라고 말할 수 있습니다. 예수님의 십자가와 부활은 우리 인간에게 본질적인 기쁜 소식이자 영원히 기쁘게 하는 소식이기 때문입니다. 이 사건이 우리에게 기쁨이 되는 이유는 예수님의 십자가 사건으로 인해 우리가 죄 용서함을 받았기 때문입니다. 우리가 죄 용서함을 받았을 때 일어나는 일은 하나님이 임재하시는 것입니다. 그리고 하나님이 임재하실 때 그곳에 하나님의 나라가 펼쳐지기 시작합니다.

이 땅에서는 돈이 있고 차가 있어야 좋은 집으로 이사하고, 좋은 직장을 가져야 기쁜 소식의 기준이 되는데 그것들은 결국 잠시 기쁨을 주고 사라지는 일들일 뿐입니다. 그런데 하나님께서 주시는 기쁜 소식을 누리면, 이 땅에서 돈이 없고 가난하고 그리고 밑바닥이라고 할지라도 그 속에서 샘솟듯이 솟아나는 영원에서 우러나오는 기쁨이 있습니다.

또한 예수의 십자가와 부활은 우리에게 세상과는 다른 기쁨을 가져다줍니다. 십자가의 죽음이 갖는 중요한 의미는 '생명의 역사'를 일으킨다는 것입니다. 예수님은 십자가에서 죽음으로 끝나지 않으셨고, 다시 사셨습니다. 그래서 기독교는 '십자가에서의 죽음'을 자신 있게 이야기할 수 있는 것입니다. 더 나아가 죽음이라는 것은 축복입니다. 왜냐하면 죽음을 경험한 사람들은 다시 영원한 것으로 살아나기 때문입니다. 죽는 것은 세상적인 것이고 살아나는 것은 영원한 것입니다. 그래서 예수와 함께 죽고 예수와 함께 사는 것이 바로 십자가와 하나님나라입니다. 세상적인 것은 예수와 함께 십자가에서 죽고, 그렇게 죽으면 영원한 것이 자동적으로 살아납니다. 예수와 함께 죽고 예수와 함께 사는 것을 다른 말로 표현하면 십자가를 통해서 죽고 그 죽음을 통해 얻어지는 하나님 나라를 이야기하는 것입니다. 그런데 바울 사도는 이 복음에 무엇이 나타난다고 이야기하고 있습니까?

십자가 안에서 풀어질 수 있는 '하나님의 의'

사도 바울은 "복음에 하나님의 의가 나타난다"고 이야기합니다. '의'는 하나님과의 올바른 관계라고 배웠습니다. 그러므로 "복음에는 하나님의 의가 나타난다"는 말은 간단한 표현같지만, 굉장히 함축적인 의미를 담고 있습니다. 복음, 즉 예수님의 십자가와 부활에는 하나님의 의가 나타난다는 것입니다. 다시 말해서, 예수님의 십자가 앞에만 서면 그 십자가는 우리에게 질문을 던지며 점검하는 부분이 있다는 것이지요. 그 질문은, "당신은 하나님과의 관계를 가지고 계십니까?"라는 것입니다.

예수님께서 십자가에서 왜 죽으셨습니까? 예수님께서 십자가에서 죽으신 것은 우리 죄를 용서하시기 위해 죽으셨습니다. 그래서 십자가는 하나님 편에서 보면 심판의 자리입니다. 어떤 심판입니까? 우리의 모든 죄가 예수님에게 옮겨져서 예수님이 죄의 근원으로 하나님의 심판을 받으신 자리가 십자가입니다. 누가복음 23장에 보면 예수님이 십자가를 지고 골고다 언덕에 올라갈 때, 그래도 의리 있게 가슴을 치며 울면서 예수님을 쫓아갔던 여인의 무리가 있었습니다. 그때 예수님이 여인들의 눈물을 보시고, 십자가를 지고 올라가시는 힘든 과정에서도 뒤로 돌아보시며 다음과 같이 말씀 하셨습니다.

"예수께서 돌이켜 그들을 향하여 이르시되 예루살렘의 딸들아 나를 위하여 울지 말고 너희와 너희 자녀를 위하여 울라 보라 날이 이르면 사람이 말하기를 잉태하지 못하는 이와 해산하지 못한 배와 먹이지 못한 젖이 복이 있다 하리라 그 때에 사람이 산들을 대하여 우리 위에 무너지라 하며 작은 산들을 대하여 우리를 덮으라 하리라 푸른 나무에도 이같이 하거든 마른 나무에는 어떻게 되리요 하시니라"(눅 23:28-31)

이 말씀의 본질적인 의미는, '이 십자가는 나를 위해서 울어야 될 십자가가 아니라 너희와 너희 자녀를 위해서 울어야 될 십자가란다. 그렇게 울지 않으면 너희에게 심판의 날이 온다. 푸른 나무인 나도 하나님의 심판을 받아 그렇게 힘들고 어려운데, 마른 나무인 너희들이 너희의 죄 때문에 심판받는다고 한다면 그 고통을 너희가 감당하지 못해!'라는 것이지요.

이렇게 볼 때, 십자가는 우리의 죄 때문에 하나님이 먼저 그 아들을 심판하신 자리입니다. 그래서 십자가 앞에 나간다고 하는 것은, 내가 죄인이지만 나 때문에 심판을 받으신 예수의 십자가사건을 내 사건으로 받아들이면서, 죄인이 받는 심판에서 용서받는 경험을 하는 것이라고 말할 수 있습니다. 그렇다면 바울이 "복음에는 하나님의 의가 나타난다"고 했을 때, 이 말의 의미는 '내가 십자가 앞에만 서면 십자가는 내게 메시지, 즉 질문을 지속적으로 던진다는 것'입니다. 그 메시지는 '너, 죄인이지? 네 죄 때문에 예수님께서 심판을 받으셨어! 그런데 또 죄짓고 살아? 또 죄를 지었네?'와 같은 것입니다. 십자가는 그 앞에 선 자들에게 지속적으로 이 메시지를 던져 줍니다.

이렇게 본다면, "복음에는 하나님의 의가 나타난다"는 말씀은 예수의 십자가가 지속적으로 우리에게 하나님과의 관계가 올바로 정립되어 있는지를 묻는다는 것이며, 그렇기에 죄인인 우리는 십자가 앞에만 서면 다시 초라한 죄인이 되는 것입니다. 여러분 가운데 초라해지거나 낮아지고 싶은 사람이 있습니까? 아마도 없을 것입니다. 그렇기 때문에 십자가는 굉장히 부담스러운 것이기도 합니다. 그런데 중요한 것은 그 십자가가 던지는 메시지를 받아들여서, "맞습니다! 내가 죄인이 맞습니다! 그런데 내가 죄인이지만 예수님이 내 죄 때문에 죽으신 사실도 내가 믿습니다!"라며 십자가 앞에서 믿음을 구사할 때 삶의 구원이 일어납니다.

'하나님 나라'라는 관계 안에서 성장하는 믿음

십자가 앞에서 죄인임을 고백하고 십자가가 던지는 질문을 겸허하게 받아들여 믿음을 구사한 사람은 십자가에서 이루신 회복과 구원을 경험합니다. 그리고 이것을 한 번 맛본 사람은 어떠한 심각한 죄를 지었다고 할지라도 다시 십자가 앞에서 믿음을 구사할 수 있습니다. 그 근거는 이전에 자신이 구사한 믿음을 근거로 하나님께서 자신에게 행하신 일을 맛보았기 때문입니다. 그래서 우리의 신앙적인 삶의 모습은 십자가 앞에서 날마다 지은 죄를 인정하고 고백하며, 그러나 십자가를 근거로 나를 용납하시고 받아주시는 하나님을 믿음으로 나아갈 때 더 위대한 하나님 나라를 경험할 수 있다는 것입니다. 이 반복적인 신앙적인 삶의 형태를 통하여 우리의 믿음이 성장되며, 성장된 믿음만큼 하나님 나라는 풍성해 지는 것입니다.

그래서 사도 바울이 "복음에는 하나님의 의가 나타나서 믿음으로 믿음에 이르게 하나니 기록된 바 오직 의인은 믿음으로 말미암아 살리라 함과 같으니라"라고 이야기하고 있는 것입니다. 이 구절에서 중요한 단어 중에 하나가 '믿음'입니다. 그런데 중요한 것은 믿음이 지속적으로 성장한다는 사실이지요. 그리고 믿음이 성장하는 만큼 하나님의 나라가 풍성하게 누려지기 시작합니다. 그렇다면 믿음은 어떻게 성장할 수 있을까요?

우리는 믿음을 너무나 쉽게 생각하는 경향이 있는 것 같습니다. 믿음이라고 하는 단어는 선언이 아닙니다. "주여! 믿습니다!"라고 해서 믿어지는 것이 아닙니다. 믿음이라고 하는 것은 관계의 표현입니다. 관계가 전제되지 않으면 믿음이라는 것이 생겨날 수가 없습니다. 관계가 전제되지 않은 믿음은 가짜 믿음입니다. 가짜 믿음이기 때문에 능력이 나타나지 않는 것입니다.

로마서 1장 16절에도 "복음은 모든 믿는 자들에게 구원을 주시는 하나님이 능력"이라고 기록되어 있습니다. 왜 '모든'이라는 글자가 기록되었을까요? 그 이유는 믿음만 가지면 한 사람도 예외 없이 모두에게 능력이 나타난다는 것입니다. 만일, 내 삶에 구원과 회복의 역사가 일어나지 않고 있다면, 아직 복음을 잘 모르거나 아니면 살아있는 믿음이 아니라는 결론을 내릴 수 있습니다. 살아있는 믿음이라는 것은 하나님과의 관계 안에 역사하는 실제적인 믿음이라고 이야기할 수 있습니다. 반면에 죽은 믿음이라고 하는 것은 단순히 지식적으로 믿는다고 하지만 하나님과의 관계 안에 있지 않기에 그저 지식으로만 남아 있는 믿음일 것입니다.

한 남녀가 맞선을 보고 사랑에 빠지기 위해서는 만남이 필요합니다. 그 만남을 통해 관계가 깊어지고, 사랑이 생겨나기 시작합니다. 그리고 그 사랑이 깊어질 때, 상대방을 향한 신뢰가 생겨나게 됩니다. 이러한 사실을 통해서 보더라도, 결국 믿음이라는 것은 관계 안에서 성장해 가는 것임을 알 수 있습니다. 사도바울이 이야기하려고 하는 것도 하나님과의 관계 안에서 그 하나님을 얼마나 전폭적으로 신뢰할 수 있느냐가 믿음이 성장해가는 척도라는 것입니다. 하나님과의 관계 안에서 하나님을 향한 전폭적인 신뢰가 있을 때 갈라디아서 2장 20절과 같은 고백도 나올 수 있습니다. 하나님을 전폭적으로 신뢰한다는 것은 상대적으로 나의 죄 된 본성이 죽었다는 것을 의미하기 때문입니다.

> "내가 그리스도와 함께 십자가에 못 박혔나니 그런즉 이제는 내가 사는 것이 아니요 오직 내 안에 그리스도께서 사시는 것이라 이제 내가 육체 가운데 사는 것은 나를 사랑하사 나를 위하여 자기 자신을 버리신 하나님의 아들을 믿는 믿음 안에서 사는 것이라"(갈 2:20)

많은 그리스도인들은 갈라디아서 2장 20절의 내용에서 앞부분의 "내가 죽었다"는 내용에 주로 강조점을 두고 있지만, 바울은 자기 자신을 그렇게 온전히 죽기를 원했던 이유를 뒷부분에 기록하였습니다. 즉, "내가 죽은" 이유는 하나님을 향한 전적인 믿음을 구사하기 위함이었습니다. 바울은 이제 하나님과의 관계 안에서 100% 믿음을 구사할 수 있다고 고백하는 것입니다. 예수를 10년 믿고, 20년을 믿어도 예수님에 대한 신뢰는 내 안에서 10%도 안 될 수도 있습니다. 그렇다면 나는 10%만 하나님의 나라를 경험하는 것입니다. 그렇기 때문에 가난함이 축복이 되기도 합니다. 가난하면 주님만 바라보기 때문입니다. 내가 가난할 때 바라보는 주님을 향한 신뢰는 90%, 100%가 될 수 있습니다. 가난할 때 바라보는 주님은 내가 전폭적으로 신뢰하는 믿음을 구사할 수 있는 통로가 되기 때문입니다.

믿음 안에서 만들어지는 '전적인 신뢰' – 하나님 나라의 풍요로움

저희 아버님께서는 늦게 신학을 공부하셔서 늦은 나이에 목사님이 되셨습니다. 게다가 개척교회를 섬기시느라, 저희 가정은 재정적으로 늘 어려운 형편에 있었습니다. 문제집 한 권을 사보고 싶어도 마음대로 사보지 못했습니다. 가정이 어려웠기 때문에 다른 또래 아이들보다 더 어른스러울 수 있었지만, 그래도 아이였기 때문에 이것저것 하고 싶었던 것이 많았습니다. 하지만 어머니에게 졸라봤자 늘 어머니에게 돌아오는 대답은 "하나님이 살아계시는데 네가 그렇게 원하면 하나님이 주시지 않겠냐? 기도해라!"는 것이었습니다.

한번은 초등학교 5학년 추석 때의 일이었습니다. 한 친구가 제게 "도균아! 극장에 그 유명한 중국 무술영화를 상영하는데 같이 보러 가자!"라는 제안을 하였습니다. 저도 얼마나 보고 싶었겠습니까? 차라리 바람을 안 넣었으면 그냥 지나갈 텐데 그 말을 듣고 나니 너무 보고 싶었습니다. 그래서 어머니에게 달려 갔습니다.

"엄마, 범재가 극장에 중국 무술 영화를 상영한다고 같이 가자고 그래요. 저 이제까지 한 번도 극장에 안 갔잖아요. 그러니까 나 극장에 다녀올 돈만 주세요"

그러자 저희 어머니는 "기도해라, 기도!"라고 하시는 겁니다. 그런데 그 대답을 듣고 너무 답답하고 분통이 나서 교회 안으로 달려가서 막 울었습니다. 그리고 기도했지요. 기도라기보다는 마음속에 있었던 울분을 토한 것입니다.

"하나님, 나 영화가 너무 보고 싶은데 왜 우리 집은 이렇게 가난해요? 하나님, 내가 뭐 그 영화 하나 보는 게 잘못된 거예요? 그리고 우리 엄마는 늘 기도만 하라고 해요. 그래서 내가 지금 울면서 기도하는데 들어주든 말든 하나님 알아서 하세요!"

그렇게 기도하고 집에 가보니 추석을 맞아 손님이 와 계셨습니다. 그런데 그 손님이 필요한 것 없냐며 돈을 주셨는데, 그 돈이 극장 갈 돈과 정확히 맞아 떨어졌습니다. 제가 그때 깨달은 것이 있었습니다. '기도하면 되는구나!'라는 것이었지요. 그 기도의 형식이 어떠하였던 간에요. 제가 무슨 얘기를 하려고 하냐면, 적어도 우리 선조들은 오늘날 성도들처럼 성경 지식이 많지 않았더라도 단순한 진리 그 본질만은 붙잡았던 것 같습니다. 그런데 오늘은 교회가 성장은 했고, 위대한 건물도 있고, 많은 성도들은 있는데 본질은 죽어가고 있습니다. 그 본질은 주님을 의지하고 신뢰하는 것입니다. 주님께 매달리는 것입니다. 이것이 중요합니다. 주님을 의지하십시오. 다시금 단순한 본질의 신앙으로 돌아가십시다. 어렵지 않습니다. 그냥 내 것을 내려놓으면 됩니다. 믿음이 성장할 수 있는 방법은 한편으로는 주님만 바라보고, 다른 한편으로는 그 주님을 바라보는데 있어서 방해하게 만드는 것들을 내려놓으면 되는 것입니다.

이제야 주님을 온전히 신뢰합니다!

한번은 선한목자 교회에 가서 주일예배를 드리게 되었습니다. 그런데 담임목사님이 설교 마지막에 간증을 하나 하셨습니다.

"제가 지난주에 선교사로 파송 받게 된 한 가정과 만나서 식사를 했습니다. 그런데 파송 받아서 나가시는 선교사님의 나이가 꽤 드셨습니다. 그래서 그 선교사님에게 여쭤봤습니다. 선교하시려면 좀 더 일찍 나가시지 왜 이렇게 연세가 드셔서 나가십니까? 그랬더니 그 선교사님이 이렇게 말씀하셨습니다. '목사님, 이제야 주님을 온전히 신뢰할 수 있을 것 같습니다. 그래서 하나님을 위해 어떤 일을 할까 하다 보니 주님이 가장 원하시는 일이 이 일인 것 같아 나갑니다.' 저는 그 말이 무슨 말인지 알았기 때문에 선교사님을 부둥켜안고 오랫동안 울었습니다. 이분은 젊을 때도 예수님 잘 믿으셨던 분입니다. 사업도 잘하고 교회 봉사도 잘하셨습니다. 그런데 본인은 하나님을 향한 자신의 믿음이 온전치 않음을 알고 있었습니다. 그러다가 사업 가운데 넘어지고 일어서기를 반복하면서, 하나님께 내려놓고 포기해야 할 것들을 내려놓기 시작하셨다고 합니다."

여러분, "비로소 이제는 내가 하나님만 신뢰할 수 있을 것 같습니다."라는 고백이 얼마나 아름다운 고백입니까? 이 고백이 얼마나 귀한 고백입니까? 저는 그 간증을 들으면서 다시 한 번 저를 돌아봤습니다. "나는 하나님을 향한 믿음을 강조하고 있지만 정작 몇% 하나님을 신뢰하고 있을까? 아직도 내 것을 붙잡고 있는 것은 무엇일까?"

그러면서 하나님께서 하박국에게 말씀하신, '오직 의인은 믿음으로 말미암아 살리라'라는 내용을 아래와 같이 이해할 수 있었습니다.

"하박국, 너는 이스라엘을 사랑하고 하나님의 백성인 이스라엘이 잘되어야 한다고 생각하고 있다는 것을 내가 안다. 그런데 지금 하나님의 백성은 고난 받고, 하나님의 백성은 힘들어하는데, 왜 하나님을 알지 못하는 이방은 하나님의 백성보다 더 성대하고 번성하는가? 라는 생각 때문에 힘들지? 너희 백성은 내가 선택한 나의 백성이야. 그런데 나의 백성은 이 세상에서 잘살고 잘되는 것이 성공이 아니라, 부르심에 합당하게 오직 믿음으로 살아가야 성공하는 거야. 나 여호와를 바라보고 살아가는 것이 신앙이지, 주변 사람과 나라들, 그들과 비교해가면서 나를 바라보고 상대적인 박탈감과 열등감을 갖는 것은 내가 원하는 것이 아니란다. 비록 지금 힘들고 어려워도 믿음만 있으면 너희 민족은 세상을 바꿀 수 있어!"

그렇습니다. 하나님께서 하나님의 백성에게 요구하시는 것은 단 한 가지, "오직 의인은 믿음으로 말미암아 살아간다"는 것입니다.

더 깊은 연구를 위하여

1 로마서 1장 17절을 '복음의 금강석'이라 부르는 이유를 설명하세요.

2 "복음에는 하나님의 의가 나타난다"는 말을 설명해 보세요.

3 위의 말씀에서 바울이 십자가를 어떻게 강조하고 있습니까?

❹ '믿음'이 관계성에 관한 단어라고 말할 수 있는 이유를 말해보세요.

❺ 본 구절 안에서 볼 때, 믿음이 성장하기 위해서는 무엇이 필요합니까?

❻ "오직 의인은 믿음으로 말미암아 살리라"는 말씀의 본질적인 의미를 설명해 보세요.

❼ 이 구절이 하나님 나라와 어떠한 관련성이 있을까요?

❽ 믿음과 신뢰와의 관계를 설명해 보세요.

❾ 믿음이 성장해 가면 하나님을 향한 전적인 신뢰의 모습으로 변화되어 갑니다. 어떠한 관계가있기에 가능할까요? (전적인 신뢰는 전적인 포기, 즉 십자가와 상관성이 있습니다)

❿ 나는 얼마나 하나님을 신뢰하는 사람입니까?

6장

팔복에 나타난 '제자도'을 통해 누려지는 하나님 나라의 풍요로움

마태복음 5:1-3

예수께서 무리를 보시고 산에 올라가 앉으시니 제자들이 나아온지라 입을 열어 가르쳐 이르시되 심령이 가난한 자는 복이 있나니 천국이 그들의 것임이요

십자가와 하나님 나라를 설명하는 데 있어서 실은 저에게도 많은 고민이 있습니다. 왜냐하면 제가 경험한 만큼만 전할 수 있기 때문입니다. 그럼에도 불구하고 이 메시지를 전할 수밖에 없는 것은 이 내용이 기독교의 본질적인 부분이고 핵심이기 때문입니다. 그래서 다음과 같이 말씀드리고 싶습니다. '하나님 나라는 저와 여러분이 경험하는 것보다 훨씬 더 풍요로운 나라입니다!' 그리고 그 하나님 나라의 풍요로움은 '제자도'와도 깊이 있게 연관되어 있습니다. '제자도'는 다른 말로 '제자가 되기 위한 과정'이라고 할 수 있는데, 또한 일명 '십자가의 길'이라고 표현할 수 있습니다. 왜냐하면 제자가 되기 위해

서는 십자가를 지고 자기를 부인하며 신앙의 여정을 걸어가야 하기 때문입니다. 그렇기에 '제자도'라는 말 안에는 다분히 십자가가 전제되어 있다고 할 수 있습니다. 십자가 없이는 제자가 될 수 없기 때문입니다. 이번 장에서는 '제자도'를 통해서 어떻게 하나님 나라가 풍요로워지는가에 대해 나누고자 합니다.

제자란 누구인가?

예수님의 제자가 된다고 하는 것은 교회에서 진행하는 하나의 '제자훈련 프로그램'을 이수하는 것을 말하는 것이 아닙니다. 또한 '해도 그만, 안 해도 그만'이라는 선택의 문제도 아닙니다. 예수 믿고 구원받은 모든 그리스도인이라면 마땅히 온전한 제자가 되기 위해서 달려가야 됩니다. 그래서 제자훈련을 통해 제자로 성장하는 것은 신앙생활을 함에 있어서 궁극적인 목표라고 할 수 있습니다.

그렇다면 어떤 사람을 제자라고 부를 수 있을까요? 간단히 말하자면, 사도행전에서는 예수를 따르는 모든 사람을 제자라고 부르고 있습니다. 복음서에서는 여러 가지로 그 의미가 사용되고 있는데, 가장 중요한 개념을 말하자면, 스승의 삶, 즉 예수님의 삶을 그대로 재현해 낼 수 있는, 예수님을 꼭 닮은 자를 제자라고 부릅니다. 이것은 도자기를 만드는 사회에서 한 스승의 제자를 일컫는 말을 살펴보면 더 잘 알 수 있습니다. 도자기를 만드는 한 공인이 그 사람만 고려청자를 만들 수 있다고 가정해 봅시다. 그 사람 밑에는 기술을 배우기 위한 많은 문하생들이 모일 것입니다. 그런데 이 사회에서는 스승의 밑에 모인 모든 문하생을 제자라고 부르지 않습니다. 오직 스승의 기술을 전수 받은 한 사람, 즉 스승처럼 고려청자를 빚을 수 있는 한 사람만을 그 스승의 제라고 부릅니다. 예수의 제자라는 개념과 이와 같습니다. 예수를 꼭 닮은 사람, 예수의 삶을 그대로 재현해 낼 수 있는 사람을 제자라고 부르지요. 그러나 차이가 있습니다. 도자기를 만드는 사회에서는 스승의 제자가 한 사람 이상일 수 없지만, 예수의 제자는 원하는 모든 사람이 될 수 있는 점입니다.

그러면 신앙생활을 하면서 왜 반드시 제자가 되어야 할까요? 구원받은 자는 왜 제자가 되어져야 합니까? 이 부분이 풀어져야 제자도가 하나님 나라의 풍요로움과 어떻게 연결이 되는지 알 수 있습니다. 하나님께서 우리로 하여금 온전한 제자로 성장하길 원하시는 목적은 크게 두 가지로 살펴볼 수 있습니다. 첫 번째 목적은 나를 온전히 회복시켜서 예수를 닮아가게 하기 위해서입니다. 두 번째는 예수를 닮아가면서 예수의 심장을 품고 또 다른 죽어가는 영혼들을 살리기 위해서입니다.

고장 난 인간을 고치시는 하나님!

구원받아 제자가 되어져야 할 사람들의 영적인 상태를 보자면, 모두가 고장 나 있다고 할 수 있습니다. 왜냐하면 하나님이 처음 지으신 모습이 깨어졌기 때문입니다. 하나님이 처음 인간을 만드실 때 크게 세 가지를 가지고 만드셨습니다. 흙으로 만드셨고, 하나님의 형상과 모습대로 만드셨고, 하나님의 영을 불어넣어 주셔서 살아있는 영적인 존재인 생령이 되게 만드셨습니다. 그런데 인간이 죄를 짓자 하나님의 영이 떠나가 버렸고, 하나님의 형상과 모습이 깨어져 버렸습니다. 문제는 이렇게 고장 난 인간은 이제 죽을 수밖에 없는 운명에 처해 있었다는 것입니다. 왜 그렇습니까? 하나님이 창세기 2장에서 분명히 동산 중앙에 선악을 알게 하는 나무의 열매를 따 먹으면 죽는다고 말씀하셨습니다. 그런데 그 열매를 따 먹고 죽었나요? 아니면 죽지 않았나요? 이 대목에서 늘 의견이 갈립니다. 정답은 죽었습니다. 몇 번 죽었냐 하면 세 번 죽었다고 할 수 있습니다.

첫 번째는 하나님의 영이 떠나가 버렸기 때문에 영적으로 죽은 존재가 되었습니다. 두 번째는 하나님의 형상과 모습이 깨어져 버렸기 때문에 영원을 잃어버리고 육체를 가지고 살아가다가 육적인 죽음을 경험하게 됩니다. 그리고 세 번째는, 계시록에 보니까 육적인 죽음이 끝이 아니라 영원한 죽음이 기다리고 있다고 기록되어 있습니다. 그래서 인간은 영적 죽음, 육적 죽음, 영원한 죽음, 이렇게 세 번의 죽음을 맞이하는 존재가 되어버린 것이지요. 그런데 이 대목에서 누군가는 꼭 이런 질문을 합니다.

"한 번 죽는 것도 힘든데 왜 하나님은 세 번이나 사람을 죽이십니까?"

저는 그 질문에 이렇게 대답합니다.

"그것은 하나님의 사랑입니다."

여러분, 하나님께서 한 번에 다 죽여 버리셨다면 오늘 우리가 살아갈 수 있나요? 그럴 수 없습니다. 그래서 하나님이 세 번 나누어서 죽음을 경험하게 하시면서 우리에게 주신 것이 있는데 그것은 육신을 가지고 살아갈 수 있는 시간을 주신 겁니다. 왜 하나님이 육신을 가지고 살아가는 시간들을 우리에게 허락하셨을까요? 하나님은 당신의 형상과 모습대로 지음 받은 우리를 너무 사랑하시기 때문에 그냥 죽게 내버려 둘 수가 없으셨습니다. 그래서 육신을 가지고 살아가는 시간을 허락해 주신 것이지요. 그리고 하나님께서는 이 시간을 통해서 우리의 고장 난 부분을 회복하시길 원하십니다.

그렇다면, '구원받았다'라고 하는 것은 무엇을 의미할까요? 구원이라고 하는 것은 신앙의 궁극적인 목적을 이룬 것이 아니라, 신앙의 출발점을 의미합니다. 구원받았다라고 하는 것은 하나님이 내 삶에 개입하셔서 고장 난 나를 고치시기 시작한 시점입니다. 왜 그렇게 이야기할 수 있습니까? 우리가 구원받았다라고 할 때에는 세 가지 사건이 일어나기 때문입니다.

첫 번째는 구원받은 시점까지 지어왔던 모든 죄에서 용서함을 받는 사건이 일어납니다. 그래서 하나님께서 우리를 의롭게 여겨주시는 것이지요. 이것을 칭의(justification)라고 합니다. 하나님의 의가 우리에게 전가되어 온 것입니다. 그러고 나서 떠나갔던 하나님의 영이 우리 안에 들어오십니다. 이것을 중생(regeneration)이라고 합니다. 마지막으로 호적 없이 떠돌던 자녀가 하나님의 호적, 즉 생명부에 기록되어져서 하늘의 유업을 유산으로 받을 당당한 자격이 있는 자녀가 됩니다. 이것을 양자(adaption)라고 합니다. 이 세 가지 사건은 구원받을 때 동시에 일어나는 사건입니다.

이때부터 하나님은 본격적으로 내 안에 고장 난 부분을 고쳐가기 시작하십니다. 그 가운데 가장 큰 것은 구원받은 이후에도 여전히 내 안에 남아있는 죄성(혹은 죄의 뿌리, 부패성)입니다. 죄성이란, 지금까지 살아오면서 내가 죄를 지어왔던 습관을 말합니다. 우리 선조들은 이것을 '옛사람'이라고도 불렀습니다. 우리가 예수를 믿어 구원받고도 죄를 짓는 이유는 바로 내 안에 여전히 죄를 지어왔던 습관이 남아있기 때문입니다. 그리고 우리가 구원받고 살아가는 곳은 내가 죄를 지어왔던 환경이 그대로 보존되는 이 세상입니다. 그래서 세상이 나를 흔들 때 죄를 지었던 습관이 튀어 올라오게 되면 죄를 짓는 것입니다.

이런 이유로 제가 여러분께 말씀드리고 싶은 것이 있습니다. 예수 믿고 구원받은 후, 빨리 성화되기 원한다면 거룩한 습관을 가져야 합니다. 습관을 바꾸십시오. 그 가운데 하나는 아침에 일어나서 핸드폰부터 만지지 말고 기도부터 하는 것입니다. 말씀을 펴고 QT부터 하는 것입니다. 저는 이 책의 모든 독자들이 거룩한 습관으로 하루를 시작할 수 있기를 원합니다. 이 거룩한 습관이 내 삶에 자리 잡지 않으면 내가 아무리 거룩해 지려고 노력해도 힘든 경우가 많습니다.

또한, 죄를 지으면 반드시 지은 죄를 처리하는 것이 중요합니다. 죄를 짓고도 처리하지 않으면 예수 믿는 사람과 안 믿는 사람이 똑같아지는 것입니다. 하지만 예수 믿는 사람은 죄를 처리할 수 있는 방법을 알고 있습니다. 그것은 바로 십자가입니다. 그래서 그 십자가 앞에 날마다 나가야 된다는 것입니다.

제가 2006년 1월 교회를 개척하고 나서 갖게 되었던 거룩한 습관 중의 하나도 매일 십자가 앞에 나가는 것이었습니다. 놀라운 것은 매일 십자가 앞에 나가서 그 날 지은 죄를 그날 처리하자 주님이 찾아오시기 시작했다는 것입니다. 이것이 참 중요합니다. 그런데 여기서 문제가 생기기 시작했습니다. 제가 그렇게 매일 짓는 죄를 가지고 십자가 앞에 나가다 보니, 어느 한 순간 짜증나기 시작했습니다. 왜냐하면 내 안에 반복적인 죄가 있는지 몰랐기 때문입니다. 반복적으로 짓는 죄를 반복적으로 십자가 앞으로 가져갈 때 얼마나 힘들고 어려웠겠습니까? 포기하고 싶은 생각도 한 두 번이 아니었습니다. 그러나 십자가 앞으로 나가는 일 외에는 해결의 방법이 없기에 묵묵히 나아갔습니다. 힘든 시간이었지만, 나갈 때 마다 주님이 저를 찾아와 주셨습니다. 그러나 십자가 앞에 나가려고 할 때마다 또한 마귀의 공격이 있게 됩니다. 그러니 매일 십자가 앞에 나가는 것이 말처럼 쉽지는 않다는 것이지요.

그렇다면 어떻게 해야 될까요? 물론 죄를 안 지으면 됩니다. 그것이 정답입니다. 그러면 어떻게 할 때 죄를 안 지을 수 있을까요? 그것은 바로 내 안에 있는 죄의 습관들이 튀어나올 때마다 십자가 앞에 가져가서 못 박는 것입니다. 이것을 바울 사도는 '나는 날마다 죽노라'라고 표현 하였습니다. 죄의 습관들이 튀어나올 때마다 십자가 앞에 나의 죄를 못 박으면 언젠가는 갈라디아서 2장 20절에 고백처럼 온전히 내 안에 있는 죄의 뿌리까지 십자가에 다 못 박아지는 날이 온다는 것입니다.

그렇다면 우리 안에 내재되어 있는 죄의 습성들은 언제 밖으로 드러날까요? 저는 영적 나그네의 길을 걸어가며 어렵고 힘든 여정을 지나갈 때, 내 안에 나도 알지 못하는 죄의 습성이 튀어나온다고 생각합니다. 우리는 이런 모습을 출애굽 이후 40년의 광야생활을 하던 이스라엘을 통해서 살펴볼 수 있습니다. 이스라엘은 광야생활을 하는 동안 10번 이상 하나님을 원망하였습니다. 재미난 사실은 그들이 출애굽을 해서 홍해를 건넜을 때 얼마나 하나님을 찬양하며 위대하게 높여드렸는지 모릅니다. 그런데 그들이 그렇게 한 입을 가지고 문제만 생기면 하나님을 원망하고 그 하나님을 저주하더란 말입니다. 왜 그럴까요? 나도 알지 못하는 죄의 뿌리가 내 안에 내재되어 있다가 항상 힘들고 어려울 때 튀어 올라왔기 때문입니다. 예수 전도단에서는 DTS 훈련을 받고 나서 몇 달 동안 아웃리치를 떠납니다. 아웃리치 동안 훈련생들은 정해진 돈, 정해진 시간 안에서 함께 살아가는 법을 배우게 됩니다. 그런데 처음 일주일 정도는 괜찮지만, 시간이 지나면서 같은 멤버끼리 싸움이 일어나기도 하고, 갑자기 불평이 튀어나오기도 하고, 원망이 튀어나오기도 합니다. 그러면 전체를 인솔하는 훈련자인 간사님이 속으로 웃는다고 합니다. 드디어 훈련이 시작되었다고 여기기 때문입니다. 훈련생들이 교실에서 받은 훈련을 삶의 현장에서 제대로 적용되는지를 살펴보며, 혹시라도 잘 되지 않을 때는 중간마다 개입하는 역할을 간사님들이 하신다고 들었습니다.

여러분, 우리 안에 어떠한 죄의 뿌리가 있는지, 어떠한 원망의 큰 덩어리가 있는지, 어떠한 불평의 큰 덩어리가 있는지 우리 자신도 잘 모를 때가 많이 있습니다. 그 모든 죄의 뿌리는 언제나 내재되어 있다가 가장 결정적이고 힘든 순간에 툭툭 튀어나오는 것입니다. 그럴 때, 우리는 그것을 십자가에 못 박아야 합니다.

하나님 나라를 풍성히 경험케 하는 제자훈련

하나님 나라는 하나님의 통치와 주권 그리고 하나님의 지배를 받는 곳이라고 말씀드렸습니다. 그런데 이 하나님의 나라는 언제 더 풍요로워질 수 있을까요? 결론적으로 말씀드리면, 내 안의 죄를 십자가에 못 박는 만큼 하나님이 나를 더 온전히 지배하십니다. 내 안의 죄의 뿌리가 십자가에 못 박히는 만큼 하나님이 더 강하게 나를 통치하십니다. 그래서 중요한 것은 제자가 되어져 가는 과정이 곧 하나님 나라의 풍요로움을 누리는 과정이라는 것입니다. 그렇기에 정말 내가 제자가 되어가고 있느냐는 그 하나님 나라의 풍요로움이 내 안에 누려지고 있느냐와 비례합니다.

현재 예수전도단의 한국 대표로 있는 분이 저의 신학대학원 친구입니다. 그런데 그 친구가 오래 전에 제주도 열방대학 DTS 교장으로 있을 때, 제게 이런 질문을 한 적이 있습니다.

"도균아, 어떻게 하면 제자훈련을 잘 받았다고 이야기할 수 있을까?"

실제로 제주 열방대학에서는 매년 훈련생을 받아 제자훈련을 시켜서 파송하고 있었는데, 이와 같은 실제적인 고민을 하고 있던 것입니다.

"글세, 나도 그런 것 때문에 고민해봤는데 나는 아직 답을 못 찾았어. 너는 찾았니?"

"찾았다기보다도 나도 답을 못 찾아서, 우리 간사님들하고 같이 머리를 맞대고 고민하다가 하나의 결론을 내렸어. 만일 훈련생들이 DTS과정을 마치고 집으로 돌아가서도 매일 QT할 수 있으면, 그 제자훈련은 성공했다고 할 수 있을 것 같아!"

이 대답은 굉장히 시시해 보일 수 있습니다. 그런데 제가 가만히 생각하다가 무릎을 탁 쳤습니다. 왜냐하면 제자훈련을 끝내고 정말 제자가 되었는지 안 됐는지 알 수 있는 방법 중에 가장 중요한 표지는 매일 하나님의 말씀 앞에 무릎 꿇는 것이기 때문입니다. 매일 하나님의 말씀 앞에 스스로 무릎을 꿇을 수 있다면, 그 사람은 날마다 하나님의 인도하심 가운데 살아갈 수 있을 것입니다. 그리고 하나님의 인도하심 속에서 그 사람의 삶도 변화되어져 갈 것입니다.

제자훈련에서 중요한 부분은 단순한 지식의 전달보다도, 하나님 나라의 풍요로움을 경험케 해주어 지속적으로 제자의 삶을 살아가도록 해주는데 있습니다. 그리고 제자훈련은 훈련생으로 하여금 하나님 나라를 경험하는 가운데 자신의 삶이 변화되어가고 있다는 것을 깨닫게 해줘야 합니다. 만일 제자훈련을 통해 지식적으로는 깊어지는데, 하나님 나라의 경험은 있지 않다면, 그 사람에게는 세상을 이겨나갈 힘이 없는 것입니다. 세상을 이기고 세상을 변화시킬 수 있는 힘은 세상 것 안에 있지 않습니다. 그것은 영원이라고 하는 하나님 나라의 본질에 있습니다. 그렇기 때문에 제자훈련을 통해 하나님 나라의 풍요로움이 누려져야 나도 변화되고, 또한 이 세상을 이길 수 있으며 바꿀 수 있습니다.

여러분 가운데는 제자훈련을 받으신 분들이 분명히 계실 겁니다. 혹여나 매일 QT를 안하시는 분들은 다시 시작하셔야 합니다. 매일 하나님의 말씀 앞에 무릎을 꿇으셔야 합니다. 그리고 매일 기도하면서 영적 나그네의 길을 걸어가셔야 됩니다. 이런 과정 없이 수료증만 남발하는 제자훈련은 소용이 없습니다.

'제자도'의 관점에서 바라본 팔복

"이 때부터 예수께서 비로소 전파하여 이르시되 회개하라 천국이 가까이 왔느니라 하시더라 갈릴리 해변에 다니시다가 두 형제 곧 베드로라 하는 시몬과 그의 형제 안드레가 바다에 그물 던지는 것을 보시니 그들은 어부라 말씀하시되 나를 따라오라 내가 너희를 사람을 낚는 어부가 되게 하리라 하시니 그들이 곧 그물을 버려 두고 예수를 따르니라 거기서 더 가시다가 다른 두 형제 곧 세베대의 아들 야고보와 그의 형제 요한이 그의 아버지 세베대와 함께 배에서 그물 깁는 것을 보시고 부르시니 그들이 곧 배와 아버지를 버려 두고 예수를 따르니라"(마 4:17-22)

그렇다면 어떻게 팔복이 제자도와 연결되어질까요? 마태복음을 보면, 예수님께서 공생애 사역에서 가장 먼저 하신 일은 제자를 부르신 것입니다. 그때 제자들은 자신의 그물과 배를 버리고 예수님을 따르기 시작했습니다. 이것이 제자의 삶의 시작입니다. 세상의 것들을 버려두면서 제자의 삶이 시작된 것입니다. 이것이 얼마나 중요한지 모릅니다.

그 이후 예수님은 많은 사람들 앞에서 산상수훈을 말씀해 주십니다. 그 산상수훈의 첫 번째 메시지가 팔복입니다. 그런데 이 팔복은 구약과도 깊이 있는 연결이 있지만 굉장한 반전을 가져오는 하나님 나라의 윤리라고 할 수 있습니다. 이것은 일차적으로 예수를 좇았던 제자들에게 들려주신 말씀이라고 볼 수 있습니다. 제자들을 부르신 후 첫 번째로 교육하신 내용이라고 할 수 있습니다. 예수님이 팔복을 말씀하시는 곳에 무리들도 앉아 있었지만, 팔복의 1차적인 청중은 예수를 따랐던 제자들이었습니다.

제자들은 예수님을 따르기 위해 처음부터 자신이 가진 모든 것들을 포기한 자들이었습니다. 그리고 예수를 쫓는 나그네의 삶을 살았습니다. 그래서 제자의 길은 나그네의 길이라고 할 수 있습니다. 그렇다면 나그네의 삶을 산다는 것이 무엇을 의미할까요? 그것은 이 세상에서 어느 곳에도 적(籍)을 두지 않는 삶입니다. 이렇게 볼 때, 나그네의 삶을 살아가지 않는 사람들은 팔복의 내용을 아무리 들어도 이해가 되지 않을 수 있습니다. 왜냐하면 여전히 내가 움켜쥐고 있는 세상적인 가치관과 팔복에서 나타나고 있는 하나님 나라의 가치관이 서로 다르기 때문입니다.

이렇게 볼 때, 팔복을 해석하는데 있어서 중요한 것은 그 내용만을 독립적으로 보기보다는, 예수님이 하신 일과 연관해서 마태복음 4장과 5장의 전후 문맥과 연관해서 풀어가는 것입니다. 그때 팔복이 제자도와 관련지어서 풀어질 수 있습니다. 사실 팔복의 윤리를 보면 이 세상 사람들은 그게 왜 복인지를 이해하지 못합니다. 하지만 자신의 모든 소유를 포기하고 예수를 따르는 자들은 팔복이 왜 복인지를 알게 됩니다.

복되도다! 너희들이여!

세상적으로 보면, 배도 버려두고 그물도 버려두고 예수를 좇은 자들은 복되지 않다고 할 수 있습니다. 그런데 예수님께서는 그들을 향해 복되다고 말씀하십니다. 왜냐하면 "너희들은 심령이 가난하기 때문이다"라는 것입니다. '심령이 가난하다'라는 말씀은 구약에도 자주 등장하는 내용입니다. 심령이 가난한 자가 복이 있다는 것은 예수님께서 오셔서 구약의 사상을 완전히 바꾸시고 새로운 내용을 선포하신 것이 아닙니다. 구약 성경에 나타나 있는 가난한 자에 대한 이야기를 지금 여기서 다시 사용하여 새로운 윤리로 정립해 주고 계신 것입니다.

　이것은 굉장히 중요한 내용입니다. 여기서 '가난하다'라고 하는 말은 히브리어로 "עָנִי(아니)"라고 하는 단어입니다. 이 단어는 '힘이 없고 의존적이어서 그 결과 힘을 가진 자들의 착취에 쉽게 노출될 수밖에 없는 자들'을 지칭합니다. 그러나 그들은 바로 이러한 자신들의 처지 때문에 자신들의 필요를 채워주시고 위로해 주시는 하나님께 의존하게 되는 것이지요. 그래서 이 단어는 물질적 소유 자체의 빈곤보다는 종교적인 관계에 그 무게를 싣고 있는 단어입니다.

　그런데, 예수님은 이 단어를 일차적으로 제자들에게 사용하고 계십니다. 제자들은 배도 버려두고 그물도 버려두고 예수를 좇은 자들입니다. 그들은 스스로 세상적인 가난을 자처하고 나선 자들입니다. 그래서 제자들은 영적 나그네와도 같았습니다. 영적 나그네가 어떤 사람입니까? 영적 나그네는 세상의 모든 것을 다 버려두고 하나님이 정해 놓으신 목적지를 향해 하나님의 인도하심을 받아서 나아가는 자들입니다. 세상의 것들을 전부 내려놓았기에 스스로 가난 속으로 뛰어든 자들입니다. 그렇기 때문에 그들은 자신들의 연약함 때문에 절대적으로 주님만 바라보며 주님에게만 의지할 수밖에 없는 자들입니다. 그래서 예수님은 배도 버려두고 그물도 버려둔 제자들에게 지금 이 말씀을 하시는 것입니다.

"복되도다! 너희들이여! 왜냐하면 너희들은 모든 것을 다 버려두고 심령이 가난한 자가 되었기 때문이다!"

그렇다면 제자들에게 복은 무엇입니까? 바로 '하나님 나라가 너희 것'이라는 사실입니다. 예수님이 제자들에게 "나를 따라오라 내가 너희를 사람을 낚는 어부가 되게 하리라"(마4:19)라고 말씀하셨을 때, 제자들이 그 말을 듣고 기꺼이 자기 것을 내려놓고 예수님을 따르는 모습을 보시고 예수님께서는 깊이 감동하셨을 것입니다. 아마도 그들에게 무슨 말이라도 격려를 해주시고 싶으셨을 것입니다. 그래서 예수님이 하신 말씀이 '너희들의 지금 그 상태가 복된 것이다.'라고 말씀해 주신 것입니다.

성경은 지속적으로 가난한 자에게 초점을 맞추고 있습니다. 왜 그렇습니까? 가난해져야 주님을 의지할 수 있기 때문입니다. 가난해져야 주님을 붙잡을 수 있기 때문입니다. 나그네의 삶을 살지 않으면 아무리 제자도를 가르치고 천국의 윤리를 가르쳐도 다 밑 빠진 독에 물을 붓는 것입니다. 저는 억지로 가난해지라고 말하고 싶지 않습니다. 예수 잘 믿어도 깨끗한 부자가 될 수 있습니다. 훈련을 받아서 물질의 복을 받은 사람은 귀한 사역을 많이 감당하시잖아요? 하지만 훈련이 안 된 사람에게 주어진 물질은 오히려 그 사람을 죽이는 수단이 될 수 있습니다. 저는 여러분이 성경에서 말하는 복이 무엇인지를 알기를 소망합니다. 그렇지 않으면 기독교가 세상적인 복을 추구하는 이상한 종교로 변질되어갈 수 있습니다.

저는 예수를 좇기 위해서 배도 버려두고 그물도 버려두었던 제자들의 모습을 묵상하며 마음에 감동이 있었습니다. 그런데 예수님이 그 제자들에게 먼저 입을 열어 하신 말씀이 "너희들은 참 복된 사람들이야. 기꺼이 버릴 것 버리고, 마음이 가난한 상태에서 이제는 나만 바라볼 수 있기 때문이란다."라는 내용이었습니다. 이것은 "지금 너희 안에 하나님 나라가 있단다. 너희가 그물을 던져 고기를 잡았을 때보다 지금 더 평안하지 않니?"라고 물으시는 거지요. "이제 무언가 큰 변화는 없어도 그 마음에 기쁨이 있지 않아?"라고 묻고 계신 것입니다. 그리고 그것이 바로 하나님 나라라고 가르쳐 주고 계신 것입니다. 이것이 기독교의 참된 진리입니다. 세상을 버리지 않는 사람은 하나님의 나라를 가질 수가 없습니다.

우리는 기독교가 말하는 복이 무엇인지 분명하게 알아야 합니다. 이 복은 나그네의 길을 걸어가는 동안 끝까지 심령이 가난한 상태로 유지되는 것입니다. 이것은 신약 성경에만 등장하는 것이 아니라, 구약 성경에서도 등장한 복의 개념이었습니다. 가난한 사람은 하나님의 특별한 보호 대상이었습니다. 궁핍한 자가 하나님께 부르짖으니 하나님이 그 기도를 들으시고 그들의 피난처가 되셨다는 것입니다. 세상이 그들을 도와주지 않기에 하나님께서 그들을 특별 관리 대상으로 놓고 사랑하시고 지키시며, 기도에 응답해 주시고 피난처가 되어주시는 것입니다.

여러분은 하나님께서 지키시는 가난한 자가 되겠습니까? 아니면 하나님 없이 부한 자가 되겠습니까? 너무 이원론적으로 몰아가서 죄송하지만 여러분은 진정으로 어떤 것을 원하십니까? 저는 우리 모두가 하나님이 지키시는 가난한 자가 되기를 소망합니다. 이 세상은 잠시 있다가 떠나가는 곳입니다. 그러므로 나그네처럼 이 세상의 것을 내려두고 하나님만 바라보며 나아갈 수 있길 바랍니다. 십자가가 무엇입니까? 세상의 것을 내려놓고 스스로 심령이 가난한 자가 되는 것입니다. 이 말씀이 우리 마음에 새겨져서 본향에 도달하는 그 때까지 심령이 가난한 상태로 천국을 소유하는 자가 되기를 소망합니다.

팔복에 내포된 십자가와 하나님 나라

No.	복의 대상	복의 내용
첫 번째 복	심령이 가난한 자	천국이 저희들의 것이다
두 번째 복	애통하는 자	위로를 받을 것이다
세 번째 복	온유한 자	땅을 기업으로 받을 것이다
네 번째 복	의에 주리고 목마른 자	배부를 것이다
다섯 번째 복	긍휼히 여기는 자	긍휼히 여김을 받을 것이다
여섯 번째 복	마음이 청결한 자	하나님을 볼 것이다
일곱 번째 복	화평케 하는 자	하나님의 아들이라 일컬음을 받을 것이다
여덟 번째 복	의를 위하여 박해를 받은 자	천국이 그들의 것이다

예수님의 공생애 첫 번째 메시지가 천국, 하나님 나라였지요? 그런데 팔복의 첫 번째 복-심령이 가난한 자는 복이 있나니 천국이 그들의 것임이요-과 마지막 복-의를 위하여 박해를 받는 자는 복이 있나니 그들이 하나님 나라를 기업으로 받을 것임이요-도 하나님 나라에 관한 것입니다. 정말 놀랍지 않습니까? 예수님의 첫 번째 공생애 메시지와 예수님의 산상수훈의 핵심인 팔복의 첫 번째 복과 여덟째 복이 하나님 나라와 긴밀히 연결되어 있더라는 것입니다. 그래서 하나님 나라라고 하는 것은 예수님이 말씀하시고자 하는 핵심주제였다는 것을 다시 한 번 분명히 알 수 있습니다.

더욱이 헬라어 성경을 살펴보면, 한글 성경과 달리 "복되도다! 너희들이여"라며 선포를 하고 있음을 알 수 있습니다. 하지만 이것은 참 의아한 표현입니다. 왜냐하면 예수님의 말씀을 들으려고 나아온 사람들은 지금 로마의 지배 하에서 모든 것을 다 빼앗기고 어렵고 힘들고 고달프게 살아가는 가운데 있습니다. 세상의 기준으로 볼 때, 이들은 전혀 복된 것이 없는 사람들이었습니다. 그런데 예수님의 산상수훈의 첫 번째 메시지에 그들이 전혀 기대할 수 없던 표현이 나온 것입니다. 중요한 원칙은 '복의 대상'에 기록된 내용 가운데 밑줄 친 부분이 이 세상을 살아가는 그리스도인들이 지켜야 할 삶의 윤리라는 것입니다. 그리고 그렇게 될 때 그들에게 주어지는 복이 '복의 내용'에 기록된 각각의 복입니다. 그런데 저는 이 세상을 살아가는 그리스도인들이 지켜야 할 삶의 윤리가 곧 십자가라고 생각합니다. 그리고 그 십자가를 지고 살아가는 그리스도인에게 주어지는 각각의 복이 하나님 나라라고 말하고 싶습니다.

결국 십자가를 통해서 첫 번째와 마지막에 하나님 나라를 누리며 하나님 나라의 여러 가지 요소들이 그 안에서 경험되어지기 시작하는 것입니다. 그런데 흥미로운 사실은 팔복의 첫 번째 복과 여덟 번째 복의 시제가 현재형으로 되어 있다는 데 있고 두 번째 복부터 일곱 번째 복은 시제가 미래형으로 되어 있습니다. 즉, 첫 번째 복과 여덟 번째 복은 지금 당장 우리 안에 임한 하나님 나라이고, 두 번째부터 일곱 번째 까지는 미래의 완전한 하나님 나라가 도래할 때 그들에게 주어질 하나님 나라의 특성이라고도 할 수 있습니다. 물론 완전하지는 않아도 이 땅에서 조금씩은 맛보며 경험할 수 있는 요소들이지요. 그렇다면 팔복의 각각의 내용에는 어떠한 십자가와 하나님 나라가 내포되어 있을까요?

(1) 복되도다! 심령이 가난한 자여!

'심령이 가난하다'라고 하는 것이 어떻게 십자가와 연결될 수 있을까요? '가난하다'라고 하는 것은 구약에서부터 하나님의 특별한 관심의 대상이고 보호의 대상들이었습니다. 가난한 자들의 가장 큰 특징은 착취와 억압을 당하여도 어느 한 사람 지켜줄 수 가 없다는 것에 있습니다.

태국에 가면 산족이 있습니다. 그런데 치앙마이에 있는 산족들에게는 국적이 없습니다. 그래서 그들에게는 소원이 있는데, 그것은 방콕 시내를 한 번 경험해 보는 것입니다. 그들이 실제로 방콕 시내를 내려 올 때에는 선교사님들이 굉장히 조심을 합니다. 왜냐하면 그들은 국적이 없기 때문에 누군가 그들을 칼로 찔러 죽인다 해도 아무런 보호를 받을 수 없기 때문입니다. 이러한 상황이 이해가 되십니까? 제자들이 배와 그물을 버려둔 것은 스스로 가난한 자가 된 것입니다. 이 자체가 십자가라고 하는 겁니다. 십자가가 무엇입니까? 자기 죽음과 자기 포기, 그리고 자기희생입니다.

그래서 우리에게도 가난한 자가 되겠다는 결단이 필요합니다. 내 힘을 빼고 하나님만 의지하는 자가 되겠다는 결단이 필요합니다. 하나님은 그런 자들을 돌보지 않을 수 없으십니다. 그런데 아무리 힘이 없는 상태로 하나님이 몰아가셔도 아직 힘이 빠지지 않아서 하나님께 엎드리지 못하는 경우가 많이 있습니다. 그렇기에 사회적으로, 경제적으로 보면 가난한 자들이지만 하나님 편에서는 아직은 가난한 자가 아닌 그리스도인들이 많습니다.

(2) 복되도다! 애통하는 자여!

"여호와의 은혜의 해와 우리 하나님의 보복의 날을 선포하여 모든 슬픈 자를 위로하되"(사 61:2)

심령이 가난한 자는 자동적으로 애통하는 자와 연결이 됩니다. 애통하는 자라는 표현은 이사야 61장에도 나와 있는 표현입니다. 이사야 61장 2절을 보면 하나님의 나라가 메시아를 통해 이 땅에 이뤄질 때 모든 슬픈 자들을 위로할 것이라는 말씀이 나오는데, 예수님은 지금 이 내용을 팔복 가운데 하나의 복으로 규정하고 계십니다. 우리 가운데 많은 사람들이 팔복을 구약과는 전혀 상관이 없는 신약의 새로운 복의 개념으로 생각하는 경우들이 있습니다. 하지만 그렇지 않습니다. 예수님은 이미 구약에 나타나 있는 복을 신약으로 끌어오셔서 더 자세히 규정해 놓으신 것 입니다.

그런데 이사야 61장의 문맥에서 하나님의 사람들이 애통하는 이유를 살펴보면, 그들은 그들의 죄로 인해 이방 세력에 압제당하고 그들의 도시들이 폐허가 되었기 때문이라고 기록하고 있습니다. 하지만 본문에 나온 애통이라는 것은 조금은 다릅니다. 그것은 내가 예수님의 제자가 되어 예수님을 따르기로 작정하는 순간, 세상이 나를 가만히 두지 않아 생기는 애통함일 수 있습니다. 세상이 하나님의 통치에 순종하는 제자들을 가만히 두지 않기 때문에 생기는 눈물을 의미합니다.

그래서 '애통하는 자가 복이 있다'는 말씀을 제자도의 관점에서 볼 때, 여기서의 애통은 예수를 온전히 따라갈 때 경험할 수 있는 애통함입니다. 세상은 공중권세 잡은 자가 좌지우지하고 있고 그 세상만의 룰과 규칙이 있는데 예수님을 따르기로 한 사람들이 세상에 살면서 세상의 법을 따르지 않고 하늘의 법을 따르기에 세상이 예수를 따르는 자들을 가만 두지 않는 데서 오는 애통함입니다. 아무런 이유 없이 그리스도의 제자라는 이유만으로 세상으로부터 내가 억압당할 수 있고, 오해당할 수 있으며, 미움 받을 수 있습니다.

이렇게 본다면, 예수를 따라가는 자들은 우는 자들이라고 할 수 있습니다. 이것은 배도 버려두고 그물도 버려둔 제자들이 앞으로 어떻게 살아가야 되는지를 가르쳐 주고 계신 것입니다. 배도 버려두고 그물도 버려두었기 때문에 그들은 이미 가난한 자들입니다. 그렇기 때문에 그들을 복되다고 말씀하셨지만, 그 복된 상태를 지속적으로 풍성히 누리기 위해서는 '애통하며 살라'는 말씀입니다. 애통하는 자들에게는 주님의 위로가 있습니다. 현재적으로도 하나님 나라를 누리지만 미래에도 상급이 있습니다. 주님이 내 눈물을 닦아 주시고 "그동안 수고가 많았지"라며 나를 안아주실 것이기 때문입니다. 우는 만큼 이 땅에서 예수의 제자로 변화될 것입니다. 그러니 이 애통하며 산다는 자체가 십자가가 아니겠습니까?

(3) 복되도다! 온유한 자여!

"그러나 온유한 자들은 땅을 차지하며 풍성한 화평으로 즐거워 하리로다"(시 37:11)

세 번째 복은 온유한 자가 누리는 복입니다. 이 복은 예수님께서 시편 37편 11절의 말씀을 인용하신 것입니다. 그런데 재미있는 것은 '온유한 자'라는 단어가 구약 성경의 히브리어로 이사야 61장의 '가난한 자들'과 같은 단어로 쓰였다는 것입니다. 그렇다면 온유하다는 것은 어떤 상태를 말하고 있을까요? 많은 사람들이 '온유하다'라고 했을 때, 부드러운 성격을 떠올릴 것입니다. 그러나 본문의 '온유함'은 '가난'과 연결되어 있습니다.

가난과 연결된 '온유함'의 의미는 억압과 착취로 인해 아무것도 가지지 못해 철저히 낮아진 상태에 있는 자들을 의미합니다. 그런데 하나님은 특별히 그 낮아진 상태에서 겸손히 하나님을 의존하는 법을 배운 사람들을 온유한 자라고 보시는 것입니다. 즉, 예수님께서 말씀하시는 온유한 자들이란 '가난해져서 하나님을 의존하는 법을 배워 하나님의 성품을 닮아가는 자들'이라는 것입니다. 그래서 예수의 제자가 되려고 하는 사람들은 심령이 가난한 상태에서 하나님을 겸손하게 의존하며 나아가야 합니다. 예수님은 그러한 성품을 닮아간 자들이 복이 있다고 말씀하시는 것입니다. 특별히 예수님은 '온유한 자들은 땅을 기업으로 받는다'라고 하셨습니다. 일차적인 의미로 이 땅의 개념은 이스라엘의 땅을 의미하지만, 궁극적인 것은 미래에 하나님의 나라를 그들에게 기업으로 주신다는 것을 의미합니다. 그래서 세 번째 복은 첫 번째 복과 이처럼 연결되어 있다는 사실을 꼭 기억하시길 바랍니다.

여기서의 온유함은 타고난 성품으로서의 온유가 아니라, 가난함 속에서 하나님을 의지하면서 배워간 하나님의 성품이라는 사실을 다시 한 번 명심하십시오. 그래서 사실은 우리의 힘이 빠진 상태가 우리에게는 여러 가지로 유익합니다. 첫 번째 유익은 힘이 빠졌기 때문에 하나님만을 의존하며 현재적 하나님의 나라를 누릴 수 있는 것이고, 두 번째 유익은 그렇게 하나님을 의존하는 법을 배워가면서 하나님의 성품을 닮아 겸손하고 낮아지는 것입니다. 여기서 나타나는 십자가는, 내가 낮아짐으로써 하나님만을 바라보며 의지하는 것이라고 할 수 있습니다.

(4) 복되도다! 의에 주리고 목마른 자여!

"하나님이여 사슴이 시냇물을 찾기에 갈급함 같이 내 영혼이 주를 찾기에 갈급하니이다 내 영혼이 하나님 곧 살아 계시는 하나님을 갈망하나니 내가 어느 때에 나아가서 하나님의 얼굴을 뵈올까"(시 42:1-2)

네 번째 복은 의에 주리고 목마른 자가 누리는 복입니다. '의에 주리고 목마른 상태'를 가장 잘 표현한 구약의 성경 구절중 하나는 시편 42편 1-2절입니다. 의에 주리고 목마른 모습은 '사슴이 시냇물을 찾듯이 내가 주를 찾기에 갈망'하는 모습과 흡사합니다. 그리고 이것이 바로 제자가 살아야 될 모습입니다. 예수님께서는 제자들에게 이미 너희에게 임한 하나님의 나라를 더욱 풍성히 누리기 위해 하나님의 의를 갈망하며 살아야 한다고 말씀하시는 것입니다. 그리고 하나님의 의를 갈망하며 살아갈 때 하나님이 그 갈망하는 것을 충족시켜 주시며 배부르게 해주신다는 것입니다.

여러분은 하나님의 의를 얼마나 간구하며 살아가고 계십니까? "하나님, 저는 하나님의 임재가 없이는 못 삽니다. 하나님의 통치가 없이는 못 삽니다."라고 하나님께 요청하고 계시나요? 그러한 갈망이 있습니까? 그렇게 갈망하지 못한다면 나의 삶은 제자도와는 거리가 먼 삶일 수 있습니다.

예수의 온전한 제자가 되기 위한 사람들은 바로 이러한 갈망 속에서 살아가는 자들입니다.

제가 신촌성결교회를 다닐 때 중고등부 교사를 했었습니다. 그런데 중등부의 교사 한 분이 저에게 이런 말씀을 하셨습니다.

"하 선생, 나는 내 속에서 하나님을 향해서 자꾸 우는 소리가 들려. 나 이럴 때는 기도원에 가야되는데 나 혼자 가기 그러니까 같이 가줄 수 있어?"

그런데 저는 그 선생님의 말씀에 충격을 받았습니다.

'왜 내 속에서는 하나님을 향해 우는 소리도 들리지 않지? 나는 왜 안 울지?' 그러면서 제가 그 선생님과 함께 기도원에 몇 번을 따라갔었습니다.

제자의 길이라는 것이 이런 것입니다. 제자의 길은 하나님의 나라를 더욱 풍성히 누릴 수 있는 길입니다. 돈을 더 벌기 위해서 펄쩍펄쩍 뛰는 것이 아니고, 내 성공을 위해서 펄쩍펄쩍 뛰는 것이 아니라 하나님의 의를 위해서 굶주린 자가 되라는 것입니다. 하나님께서는 그 굶주린 자들을 배부르게 채워줄 것이기 때문입니다. 하나님께서는 이 땅에서 하나님의 의에 굶주린 자들에게 하나님 나라의 풍요로움으로 채워 주실 것입니다.

(5) 복되도다! 긍휼히 여기는 자여!

"자비로운 자에게는 주의 자비로우심을 나타내시며 완전한 자에게는 주의 완전하심을 보이시며"(시 18:25)

"나는 인애를 원하고 제사를 원하지 아니하며 번제보다 하나님을 아는 것을 원하노라"(호 6:6)

다섯 번째 복은 긍휼히 여기는 자가 누리는 복입니다. 긍휼이라고 하는 말은 '자비, 인애'라고 이해할 수 있습니다. 자비와 인애는 성경에 가장 중요한 단어이기도 합니다. 여기에서의 다른 사람을 긍휼히 여긴다는 것은 내가 심령이 가난해짐으로써 누리게 된 하나님의 나라가 곧 하나님의 자비를 입은 것인데, 내가 받은 하나님의 자비를 다른 사람들에게 흘려 내보내라는 것입니다. 그런데, 내 안에 머물러 있는 하나님의 자비를 다른 사람들에게 흘려 내보내는 자체가 나에게는 십자가일 수 있습니다. 하지만, 이 십자가를 지고 내가 받은 자비만큼 세상을 향해 흘려 내보낼 때, 이후에 더 큰 자비하심을 얻을 수 있습니다.

여기에서의 더 큰 자비하심이란, 궁극적으로는 완성된 하나님 나라에서 우리가 잘못한 것을 하나님이 다 감추어 주시고 하나님의 자비로 그것을 다 덮어 주시겠다는 말씀입니다. 우리가 예수를 믿으면서도 얼마나 많은 잘못을 합니까? 그런데 내가 하나님에게 받은 은혜만큼 그 은혜를 흘려 내보낼 때, 하나님이 그 많은 잘못을 다 덮어주신다는 것입니다. 그래서 하나님의 보호하심을 원하는 사람은 자비를 베푸는 사람이 되어야 합니다. 긍휼을 흘려보내는 것이 힘들더라도 그렇게 살아야 합니다. 이것이 제자의 길입니다. 이 제자의 길을 온전히 걸을 때, 하나님 나라의 풍요로움이 우리에게 주어진다는 것입니다.

(6) 복되도다! 마음이 청결한 자여!

"여호와의 산에 오를 자가 누구며 그의 거룩한 곳에 설 자가 누구인가 곧 손이 깨끗하며 마음이 청결하며 뜻을 허탄한 데에 두지 아니하며 거짓 맹세하지 아니하는 자로다"(시 24:3-4)

여섯 번째 복은 마음이 청결한 자의 복입니다. 우리가 마음이 청결하다고 했을 때, 대부분 마음이 깨끗한 상태를 의미합니다. 하지만, 여기에서 마음이 청결하다는 것은 하나님 앞에서의 진실함으로 '나뉘지 않는 충성'을 의미합니다. 아무리 배와 그물을 버려두고 예수님을 따라간다고 할지라도 그 길을 걸어가면서 두 마음을 품을 수도 있습니다. 혹여나 다른 것에 곁눈질 할 수도 있습니다. 그런데 그런 자들은 여호와의 산에 오르지 못한다고 시편에 기록되어 있습니다. 그렇다면, 누가 여호와의 산에 올라서 여호와를 볼 수 있습니까? 그것은 한 마음을 품고 허탄한 데 뜻을 두지 아니하며 오로지 하나님 한 분만을 바라보는 마음이 청결한 자입니다. 즉, 마음이 청결하다는 것은 두 마음을 품지 않는 것입니다. 하나님 한 분만을 바라보면서 곁눈질 하지 않는 것입니다.

제가 저희 스승 밑에서 제자훈련을 받고 처음으로 가르치던 청년들을 제자훈련을 시켰을 때의 일입니다. 오직 예수의 제자를 만들 수만 있다면 기꺼이 모든 것을 버리겠다는 각오를 가지고 훈련에 뛰어들었습니다. 그래서 초창기에 저와 함께 제자훈련을 했던 청년들이 참 많이 변화되었습니다. 이 청년들의 대부분이 직장인들이라 토요일에 모여서 제자훈련을 받는데, 이 청년들의 주제 찬양이 '주만 바라볼찌라'라는 찬양이었습니다. 그런데 이 찬양만 부르면 모든 청년들이 여지없이 우는 것입니다. 직장 생활하면서 제자훈련하기가 만만치 않거든요. 세상을 살아가면서 예수의 제자가 되겠다고 노력하는 게 너무나 힘들었나 봅니다. 그렇기 때문에 세상에서 주만 바라본다고 하는 것이 십자가일 수 있습니다.

하나님은 지금 팔복의 말씀을 통하여 우리들의 마음이 청결해야 된다고 말씀하고 계십니다. 마음이 청결한 상태는 한 뜻을 가지고 한

분 하나님만 바라보는 것입니다. 이렇게 할 때 하나님께서는 우리에게 어떤 복을 주십니까? 이후에 완성될 하나님 나라 안에서 그 하나님을 얼굴과 얼굴을 맞대고 보는 축복을 주십니다.

(7) 복되도다! 화평케 하는 자여!

"어지러이 싸우는 군인들의 신과 피 묻은 겉옷이 불에 섶 같이 살라지리니 이는 한 아기가 우리에게 났고 한 아들을 우리에게 주신 바 되었는데 그의 어깨에는 정사를 메었고 그의 이름은 기묘자라, 모사라, 전능하신 하나님이라, 영존하시는 아버지라, 평강의 왕이라 할 것임이라"(사 9:5-6)

"내가 에브라임의 병거와 예루살렘의 말을 끊겠고 전쟁하는 활도 끊으리니 그가 이방 사람에게 화평을 전할 것이요 그의 통치는 바다에서 바다까지 이르고 유브라데 강에서 땅 끝까지 이르리라"(슥 9:10)

일곱 번째 복은 화평케 하는 자에 관한 복입니다. 이 내용은 구약성경의 스가랴 9장 10절과 이사야 9장 5-6절에서 앞으로 오실 메시아는 평화를 가져오실 분이심을 예언하고 있는데서 그 기원을 찾을 수 있습니다. 그런데 신약에 와서는 예수님께서 십자가에서 평화를 이루셨습니다. 그래서 예수님이 부활하신 후에 제자들을 만나서서 가장 먼저 하신 일이 평안을 빌어주신 것입니다.

예수를 따르는 자들도 예수님처럼 peacemaker가 되어야 합니다. 그런데 여기에 중요한 것이 있습니다. 평화를 이루는 자들이 되라고 하는 예수님의 요구가 이루어지기 위해서는 반드시 전제되어져야 할 것이 있습니다. 그것은 자기중심적인 인간의 본성을 버려야 하는 것입니다. 타인의 평화와 자신의 이기심이 충돌된 상황에서는 타인에게 평화를 줄 수 없습니다. 그래서 평안을 만들어가는 사람이 되기 위해서는 자신 안에 있는 자아가 온전히 죽어져야 합니다.

예수님께서도 십자가에서 죽으시고 나서 평안을 끼치시기 시작하셨습니다. 십자가에서 당신이 죽으심 이후로 평안을 끼치시는 자가 되셨습니다. 이 모습이 우리에게도 모형이 됩니다. 나의 이기심을 십자가에 못 박아야 화평케 하는 자가 될 수 있습니다. 제자는 평화를 이루는 자가 되기 위해서 악한 자와 맞서서 자기의 권리에 집착하는 자가 돼서는 안 됩니다. 그래서 오른뺨을 맞으면 다른 쪽도 대주어야 되고, 속옷을 가지려하는 자에게는 겉옷까지도 주어야 됩니다. 이것이 성경의 기본적인 가르침입니다. 그런데 이러한 상태까지 살아갈 수 있으려면 어떻게 해야 됩니까? 자신의 모든 이기적인 요소들이 십자가에 못 박아져야 가능합니다. 예수님은 애통하고, 온유하고, 의에 주리고, 긍휼히 여기고, 마음이 청결하여 자기 자신을 철저하게 죽여 가는 우리들이 궁극적으로 예수님처럼 이 땅에 평화를 주는 자가 될 것이라고 말씀하십니다.

이렇게 화평케 하는 자들에게 주어지는 복이 있는데, 그것은 바로 하나님의 아들이라 일컬음을 받는 것입니다. 다시 말하면, 진정으로 예수를 닮은 자라고 일컬음을 받는다는 것입니다. 예수님을 닮은 자는 화평케 하는 자입니다. 내가 예수를 잘 믿는다면 내 주변에 구원받지 못해 죽어있는 자들에게 구원의 주님 예수 그리스도를 소개해주어 하나님과 화목하게 하는 등 살아나는 생명의 역사가 일어나야 됩니다. 그러므로 팔복은 궁극적으로 제자가 걸어가야 될 길이고, 제자가 살아야 될 삶의 윤리이며, 이것을 이루어갈 때 풍성한 하나님의 나라가 예수님을 따르는 자들에게 약속으로 보장되어 있는 것입니다.

(8) 복되도다! 의를 위하여 박해 받은 자여!

팔복의 마지막은 의를 위하여 박해를 받은 자에게 주어지는 복입니다. 제자들이 예수를 따르기로 작정했을 때, 그들은 그 하나님이 원하시는 대로 살아가기로 결단하였습니다. 이 때문에 세상이 색안경을 끼고 그들을 보기 시작합니다. 그런데 그렇게 색안경을 끼고 그들을 보는 것 자체부터가 박해라고 할 수 있습니다. 제자들은 결국 예수를 위해 살다가 순교까지 당하지 않았습니까? 이들에게 주어지는 복이 무엇입니까? 하나님 나라입니다. 하나님의 나라가 너희에게 임할 것인데, 그것은 현재적으로도 너희에게 임한 것이고, 이후에 다가올 미래의 하나님 나라에서도 너희의 상이 클 것이라고 이야기해 주고 있습니다.

여덟 번째 복과 관련하여 중요한 한 가지는 여덟 번째 복이 첫 번째 복과 더불어서 현재형으로 쓰여졌다는 사실에 근거합니다. 즉, 박해가 오고 어려움이 와도 그것을 이겨낼 수 있는 것은 하나님의 나라가 내 안에 누려지고 있기 때문이라는 것입니다. 내가 예수의 길을 제대로 걸어가고 있는지, 하나님의 나라를 제대로 누리며 살아가고 있는지를 알 수 있는 증표 중의 하나는 세상이 나를 어떻게 보느냐를 봐야 합니다. 나의 모난 성품 때문에 세상이 나를 박해하는 것이 아니라, 내가 예수만 붙잡고 쫓아가기 때문에 세상이 나를 박해한다면 그 자체로 내가 예수의 제자가 되어가고 있다고 판단하시면 됩니다. 그리고 그 모든 박해와 어려움을 이길 수 있는 비결은 그 하나님의 나라가 현재적으로 우리에게 임하기 때문입니다.

주님만 따르는 제자, 하나님 나라의 풍요로움을 누리는 사람!

하나님께서 지속적으로 하시는 일 가운데 하나는 우리의 힘을 빼시는 일입니다. 지난 장에서도 살펴보았지만, 심령이 가난한 사람은 힘이 빠져 있는 사람입니다. 그래서 그런 사람들은 세상이 쿡하고 찌르면 울 수밖에 없고, 주님만 붙잡고 의지할 수밖에 없는 사람들 입니다. 심령이 가난한 사람이 할 수 있는 유일한 일은 오직 예수님만 의지하는 것입니다. 아직까지 내 마음대로 내 멋대로 하는 사람은 힘이 남아있는 사람들입니다. 그런데 문제는 그 정도 되면 하나님 앞에 전적으로 의존하고 기도해야 하는데, 아직도 기도하지 못하고 매달리지 못하는 사람들에게 있습니다. 하나님이 그 정도까지 몰아가서도 기도하지 못하고 매달리지 못한다는 것은 아직 힘이 남아있다는 증거입니다. 그리스도인에게 있어서 가장 어려운 상황은 내 삶이 분명하게 밑바닥인데 아직 힘이 남아 있어서 하나님께 매달리지 못할 때입니다. 저는 여러분이 하나님께서 보호하시는 가난한 자가 되길 바랍니다.

많은 사람들이 어려움이 오거나 시련이 오면 넘어집니다. 그리고 하나님의 살아계심을 의심하기도 합니다. 그런데 중요한 것은 그 어려움과 고난이 내가 제대로 이 길을 걸어가고 있다는 증표라는 것입니다. 하나님은 그 어려움과 고난을 통해서 나를 더 깊게 다루어 가시면서 내가 하나님의 온전한 사람이 되기를 원하십니다.

하나님의 나라가 여러분 안에 임했다면 팔복에서 말하고 있는 모습들을 닮아가야 됩니다. 팔복은 "주님이 원하시는 복은 이런 것이

다."라고 규정하며, 또한 예수께서 자기를 따르는 제자들에게 어떻게 살아가야 될 것인가를 가르쳐주신 윤리 강령입니다. 팔복의 말씀처럼 살아야 온전한 제자가 될 수 있고 그 온전한 제자가 되어져갈 때, 하나님의 나라를 지속적으로 누리며 그 풍성함 속에서 살아갈 수 있습니다.

예수님을 믿는다는 것은 그렇게 쉬운 것만은 아닌 것 같습니다. 그러나 어렵지만도 않습니다. 주님만 의지하고 바라본다면, 온전히 제자의 길을 걸어가고자 한다면 예수님을 믿는 것은 결코 어렵지 않을 것입니다. 예수의 제자가 되기를 결단하십시오.

"주님 제가 이 길을 걸어가겠습니다. 그래서 팔복의 절정이라고 할 수 있는 하나님의 아들이 되어 화평케 하는 자가 되겠습니다. 내가 가는 곳마다 평화가 임하는 그런 사람이 되겠습니다. 분쟁이 있는 곳에 하나님의 평화를 만들어내는 자가 되겠습니다. 나의 이기적인 모든 부분들을 다 십자가에 못 박고 하나님의 아들이 되어 평화를 전하는 자가 되겠습니다."

더 깊은 연구를 위하여

❶ 팔복의 중요성을 말해보세요.

❷ 어떠한 사람을 예수님의 제자라고 말할 수 있을까요?

❸ 고장난 인간을 고치시는 하나님의 사역과 제자화의 관계성, 그리고 그것이 하나님 나라와 어떠한 연관성이 있는지 말해보세요.

❹ 제자훈련이 하나님 나라를 풍성히 경험케 하도록 도와주는 이유가 무엇이라고 생각하십니까?

❺ 팔복에 나타난 십자가의 개념을 모두 설명하시오

❻ 팔복에 나타난 하나님 나라의 개념, 혹은 하나님 나라의 특성을 모두 설명하시오.

❼ 팔복에 나타난 십자가와 하나님 나라의 연관성을 설명해 보세요.

8 왜 팔복은 제자도의 개념에서 볼 수 있을까요?

9 팔복에 있는 내용은 구약과 어떠한 연관성을 가지고 있습니까? 구체적으로 서술하세요. 예수님께서 팔복을 이렇게 구약과 연관 지어 말씀하신 이유가 무엇이라고 생각하십니까?

10 제자의 길과 하나님 나라의 풍요로움과의 관계성을 설명하세요.

7장
'내려놓음'을 통해 누려지는 하나님 나라의 풍요로움

누가복음 18:29-30

이르시되 내가 진실로 진실로 너희에게 이르노니 하나님의 나라를 위하여 집이나 형제나 부모나 자녀를 버린 자는 현세에 여러 배를 받고 내세에 영생을 받지 못할 자가 없느니라 하시니라

마태복음 6:33

그런즉 너희는 먼저 그의 나라와 그의 의를 구하라 그리하면 이 모든 것을 너희에게 더하시리라

이미 시작된 하나님의 나라는 지금도 역동적으로 움직이고 있습니다. 그래서 하나님의 나라는 계속해서 확장되고 있으며 풍요롭게 성장해 가고 있습니다. 그것은 나를 통해서든, 아니면 또 다른 하나님의 사람을 통해서든, 중단되지 않고 이루어져가고 있습니다. 그렇다면 지금도 확장되어가며 또 더욱 완전해져가는 하나님 나라를 어떻게 더 풍성히 누릴 수 있습니까? 이미 이전 장에서 언급한 내용들 외

에 또 다른 방법이 있을까요?

하나님 나라의 풍요로움을 누릴 수 있는 또 다른 차원이 있습니다. 그것은 하나님 나라는 한 번 경험하는데서 끝나는 것이 아니라 지속적으로 하나님 나라를 누릴 때 그 풍요로움 안으로 더 깊게 들어갈 수 있다는 기본적인 원칙에 근거한 것입니다. 이렇게 보자면, 하나님 나라를 풍성하게 누릴 수 있는 특정한 방법이 특별히 있다고 말하기 보다는, 한번 경험하고, 또 다시 경험하면서 하나님 나라를 지속적으로 누려갈 때, 그 하나님 나라의 측량할 수 없는 넓고 깊은 세계로 들어갈 수 있다고 할 수 있습니다.

하나님 나라 안에서 어제 맛 본 평안이 오늘은 좀 더 깊어지고, 또 내일은 더 깊어지기 시작하면서 나타나는 특징 중에 하나는, 그동안 내 눈에 주목하지 못했던 사람들이 보이기 시작한다는 것입니다. 그리고 보이지 않던 나라와 민족과 열방이 보이기 시작합니다. 왜냐하면 하나님 나라는 하나님의 온전한 통치 속에서 그 분의 마음을 품고, 그 분의 눈을 가지고 세상을 바라볼 수 있는 곳이기 때문입니다. 그래서 하나님 나라를 더 풍성히 누리면, 세계 열방을 향한 하나님의 마음과 비전이 보이기 시작합니다. 그 때 우리는 하나님의 나라가 나의 인생을 지배하고, 이끌어 가는 또 다른 차원을 경험하게 되기도 하지요. 이러한 확장되어 풍성해지는 하나님 나라를 경험할 수 있는 또 다른 방법, 즉 지속적으로 하나님 나라를 누릴 수 있도록 해주는 방법으로 성경에서 찾을 수 있는 것이, 바로 내려놓음과 그것이 실현되는 장소로서의 광야입니다.

내려놓음과 하나님 나라

천국은 침노해야 얻을 수 있다고 말씀드렸습니다. 그런데 우리가 천국을 위해 침노해야 하는 이유가 있는데, 그것은 바로 천국을 누리지 못하도록 가로 막고 있는 사단의 세력이 있기 때문입니다. 즉, 영적 전투가 일어나지 않고는 천국이 누릴 수 없습니다. 그래서 아무리 봉사를 열심히 하고, 성경을 열심히 읽는다고만 해서 천국이 누려지는 것이 아닙니다. 반드시 싸워야 하나님 나라를 깊게 누릴 수 있음을 말하고 있는 것입니다. 이것은 어떤 세상적인 방법으로의 싸움이 아닙니다. 먼저는 그 첫 번째 방법이 '회개'라고 했습니다. 회개 없이는 하나님 나라를 경험할 수 없기 때문입니다. 회개를 통한 적극적인 마귀의 방해가 해결되지 않고는 하나님 나라를 경험할 수 없기 때문입니다. 회개는 하나님과 나와의 관계 안에서만 이루어지는 것으로 알기도하지만, 그것 자체가 마귀의 공격을 차단시키며 공격해서 들어올 틈을 막아버리는 적극적인 전투의 한 방법이 되기도 합니다. 그런데 또 다른 방법이 말씀에 나타납니다. 누가복음 18장 29-30절의 말씀입니다.

> 29 이르시되 내가 진실로 너희에게 이르노니 하나님의 나라를 위하여 집이나 아내나 형제나 부모나 자녀를 버린 자는
> 30 현세에 여러 배를 받고 내세에 영생을 받지 못할 자가 없느니라 하시니라

이 말씀을 보면 '현세에 여러 배'를 받는다는 말씀이 나옵니다. 여기서 '여러 배'라는 것은 무슨 말일까요? 이 말씀의 문맥을 보면 현세와 내세가 연결되어 있습니다. 이 말은 내세에만 받는 것이 아니라 현세에도 받는다는 말이라고 할 수 있습니다. 또 달리 말하면, 현세에만 받는 것이 아니라 내세에도 받는다는 말이 됩니다. 그런데 무엇을 '여러 배' 받는다는 것일까요? 이 말씀에는 주어, 목적어가 없습니다. 하지만 유추할 수 있는 것은 바로 '영생'이라는 단어입니다. 영생은 영원한 생명이며, 죽어가는 우리를 살리는 가장 특징적인 요소이며 힘이 됩니다. 따라서 '영원한 생명이 이 땅에서 풍성하게 누려진다'는 의미라고 볼 수 있습니다.

여기에서 중요한 것은 하나님 나라를 위하여 집이나 아내나 형제나 부모나 자녀를 버렸기 때문에 현세에서 여러 배를 받는다는 것입니다. 현세에서 여러 배 받는 것이 바로 영원한 생명의 풍요로움이라면 그것은 곧 현세에서 누릴 수 있는 하나님 나라라고도 할 수 있습니다. 왜냐하면 하나님의 생명이 누려지는 곳은 하나님께서 통치하

시는 곳에서 가능하기 때문입니다. 그런데 하나님 나라가 '여러 배'라는 말과 묶인다고 해서 하나님 나라가 여러 곳이 있다는 말은 아닙니다. 이 땅에서 누릴 수 있는 하나님 나라의 풍요로움을 이야기 하고 있는 것입니다. 여러 곳에 있어서 한 번 살짝 스치고 맛보며 끝나는 하나님의 나라가 아니라, 그 안에 더 깊고 풍요로운 하나님의 나라를 경험할 수 있다는 것입니다. 그리고 현세에만 누리고 끝나는 것이 아니라 나중에는 하나님이 마련하신 완전한 표상인 하나님 나라에 들어 갈 수 있다는 것입니다. 그렇기 때문에 이 구절이 하나님 나라의 현재성과 미래성을 이어주는 중요한 말씀이 되기도 합니다.

그런데 여기서 핵심은 하나님 나라를 현세에서 여러 배로 더 풍성히 누리기 위해 해야 할 일이 있다는 것입니다. 그것은 집이나 아내나 형제나 부모나 자녀를 버리는 것입니다. 이것은 하나님 나라를 누리는데 내가 소중히 여기는 것을 모두 내려놓으라는 말과 동일합니다. 다시 말해, 세상을 살아갈 때 필연적으로 또는 기본적으로 필요한 요소들까지도 주님이 원하신다면 버려야 한다는 말씀입니다. 이 말씀은 집이 없어도 되고, 부모가 없어도 되고, 형제가 없어도 되고, 자녀 없어도 된다는 말이 아닙니다. 자칫 이렇게 해석하면 기독교는 윤리를 강조하지 않고 효를 강조하지 않는 종교로 전락해 버리고 맙니다. 그것이 아니라, 현재 내가 이 땅에 살아가면서 하나님 나라의 풍성함을 여러배 누리는 데 방해되는 것이 있다면, 그것을 내려놓으라는 것으로 해석할 수 있습니다.

왜냐하면 하나님 나라는 이 세상의 나라와 근본적으로 추구하는 것이 다르기 때문입니다. 이 세상의 나라는 공중권세 잡은 자가 좌지우지 하고 있어서, 그 존재가 중심이 되어 세상을 이끌어 가고 있다고 할 수 있습니다. 요한복음에서도 세상의 임금이 사단이라고 언급하고 있기 때문입니다(요 16:11). 반대로, 하나님 나라는 하나님이 통치자시며 그 통치를 받는 하나님의 백성들이 있습니다. 그렇기에 하나님 나라는 이 세상의 기준과 원리, 그리고 통치 방식과 다른 그 나라의 기준과 원칙이 있으며, 또한 통치 방식이 있습니다. 그렇기 때문에 내가 가지고 있는 것들 중, 하나님 나라의 기준과 원칙, 그리고 통치방식과 맞지 않는 것이 있다면 그것들을 내려놓아야만 하나님 나라를 지속적으로, 그리고 더 풍요롭게 누릴 수 있는 것입니다. 다시 말해서, 그 나라가 요구하는 특성과 원칙이 있기 때문에, 그것에 맞추어 세상의 것들을 내려놓는 만큼 천국을 누리게 됩니다. 또한, 이 세상에서 자랑하던 것을 내려놓는 만큼 하나님 나라를 지속적으로 누릴 수 있습니다. 만약, 내가 이 세상에서 살던 옷을 벗지 않고 하나님 나라의 새로운 옷을 입고자 한다면, 거기에는 혼란 밖에 찾아올 것이 없음을 기억해야 합니다. 이처럼 우리는 하나님 나라의 풍요로움을 누리고 확장시키기 위하여 삶의 우선순위를 정해야 하며, 또한 이 땅의 가치와 하나님 나라의 가치를 비교할 수 있는 분별력도 가져야 합니다. 하나님 나라를 위한 우선순위가 우리 가운데 정립되어진다면, 우리는 이 땅에 살면서도 세상의 가치를 내려놓고 하나님 나라의 가치를 누리며 살 수 있을 것입니다.

내려놓음의 장소, '광야'

우리는 하나님 나라와 맞서는 세상의 가치와 기준들을 '내려놓는 것'이 하나님 나라를 누리는데 있어서 필수적인 과정임을 살펴보았습니다. 그렇다면 하나님 나라를 누리는데 있어서 광야는 무슨 연관이 있는 것일까요? 왜 광야에서 위대한 하나님의 사람들이 만들어 지는 것일까요? 성경의 위인들은 모두 광야의 시간을 거쳤습니다. 도대체 광야와 내려놓음은 무슨 관계가 있습니까?

역대에 하나님이 위대하게 사용하신 사람의 대부분은 자기를 철저하게 부인하고 온전히 내려놓았던 사람입니다. 내가 죽는 것과 다름없다고 할 만큼 내려놓았습니다. 모세를 예로 들면, 그의 생애 120년 중 40년씩 세 부분으로 나눌 수 있습니다. 맨 처음 40년은 태어나고 공주의 눈에 띄어 왕궁에서 살던 삶이었습니다. 이때는 엄마의 신앙을 물려받으며,'I'm somebody'(특별히 준비된 사람)으로 생각하며 살았었던 삶이었습니다. 그리고 그 다음 40년은 그 모든 것을 다 버리고 광야로 뛰쳐나갑니다. 히브리서 11장을 보면, 그 과정이 믿음 때문이었다고 합니다. 그런데 그 40년의 시간동안 모세는 철저하게 자신을 비우며 자신은 아무것도 아니라는, 'I'm nobody'(아무것도 아닌 죽은 삶)을 살았습니다. 그리고 마지막 40년은 떨기나무 가운데 하나님을 만나면서, 남은 생을 하나님의 사람으로, 'I'm God's body'(하나님의 사람)으로 살아갔습니다.

하나님의 사람은 이렇게 만들어집니다. 많은 학자들이 추론하기를 모세가 광야에 있는 40년의 시간동안 아무 의미 없는 시간을 보낸 것이 아니었을 거라고 이야기 합니다. 신앙의 성장을 위해서 모세가 하나님을 붙잡은 것이 아닙니다. 광야가 힘들기 때문에, 하나님이 아니면 죽을 수밖에 없는 곳이 그곳이기에, 생명을 건 부르짖음이 그에게 있었을 것입니다. 그래서 그가 외치는 부르짖음은 내 생명을 다해 하나님을 찾고자 하는 간구가 되었을 것입니다. 그러면서 하나님과는 더 깊어지며, 세상적인 것들은 내려놓아지는 시간을 가졌던 것이지요. 얼마만큼 내려놓았냐 하면, 자신은 아무것도 아니라고 인정할 만큼 철저히 죽어지는 시간을 가졌습니다. 그런데 그러한 일이 일어난 장소가 광야였습니다! 척박한 시간과 장소이기에, 결국은 하나님만 바라보며 매달리기 시작합니다. 온전히 자아가 죽을 만큼 말입니다. 그러면서 세상적인 기준과 가치관, 그리고 주님이 기뻐하시지 않는 원칙들이 내려놓아지게 됩니다. 안 내려 놓으면 주님을 만날 수 없고, 주님을 만날 수 없으면 광야에서 죽을 수밖에 없기에! 철저히 주님을 만나는 훈련과 세상적인 것들을 내려놓게 만드는 장소가 광야인 것입니다!

그러므로 나에게 주어진 광야의 시간은 하나님이 나를 사랑하셔서 나를 만나고자 하시는 싸인이며, 나를 다듬으시겠다는 표시라는 것을 기억하십시오. 나를 온전히 다듬으셔야 하나님께서 마음대로 쓰실 수 있기 때문입니다. 이렇게 본다면, 이 세상에서 가장 불쌍한 사람이 광야에서 하나님을 원망만 하는 사람일 것입니다. 그런데 광야에서 원망만하고 불평만한다면, 삶은 삶대로 힘들고 하나님은 임재하시지 않게 됩니다. 내려놓아야 할 것도 내려놓지 못하고 주님도 만날 수 없는 것입니다. 따라서 주위를 둘러봐도 소망이 안 보이면, 그 시간과 장소가 광야인줄 알고 감사함으로 그 광야를 즐기십시오! 내게 내려놓을 부분을 알게 하셔서 내려놓게 하시고, 하나님 나라를 더 풍성히 누릴 수 있도록 하실 장소가 광야이기 때문입니다. 광야의 시간이 없이는 절대로 내 자아가 깨어지지 않고, 다듬어지지 않고, 하나님의 사람으로 성장할 수 없습니다.

다윗도 마찬가지였습니다. 시편 23편 "사망의 음침한 골짜기로 다닐지라도…" 이것은 다윗의 인생의 고백이었습니다. 정말 죽는 것과 다름없는 시간들이 그에게 있었다는 것입니다. 하나님이 사랑하지 않기 때문이 아니라, 포기하셨기 때문에 방치하시는 것이 아니라, 사랑하시기 때문에 밀어 넣으신 것입니다. 우리가 불평한다면, 하나님의 섭리를 보지 못하기 때문에 불평하고, 어려워한다면, 하나님의 계획을 알지 못하기 때문에 어려워하는 것입니다. 하나님의 섭리와 계획을 알 때 그 자리에서 일어날 수 있고, 하나님을 간절히 부를 수 있습니다.

저에게도 비슷한 경험이 있습니다. 제가 2006년 교회를 개척하고서, 그해 일 년 만에 백 명이 모여지니, 다음 해에는 이백 명을 교회의 목표로 세웠었습니다. 일 년 만에 하나님께서 백 명 이상이 모이게 해 주셨기 때문에, 그 다음 해에 이백 명을 목표로 계획을 세우고 목회해야겠다고 생각한 것이지요. 이것이 잘못된 것은 아니지 않습니까? 사람이 모이는 숫자가 그리 중요하지 않더라도, 목표가 있어야 달려갈 수 있기에 세워 놓은 것입니다. 그런데 2년이 다 되어갈 무렵, 그 목표가 거의 다 이루어져 가는데도 조급함이 있었고, 또 아직 완전히 이루어지지 않았는데도 더 큰 목표가 보여 지기 시작했습니다. '내년에는 300명을 목표로 세울까? 아니면, 400명?' 그러니 제 마음속에는 평안보다는 조급함과 긴장감, 그리고 하나님께서 개척 2년 만에 주신 기적과도 같은 성장에 만족함도 누릴 수 없었습니다. 교회는 성장해 갔지만, 개척교회였기에 늘 부족함이 많았고, 그렇기에 제 삶은 힘들고 어려움이 많은 광야의 시간과 같았습니다. 이때 저는 늘 새벽기도회 때마다 울면서 깊게 하나님께 기도하며, 또 시간이 될 때마다 기도하고 부르짖는 것이 저의 일상생활이 되었습니다.

그런데 어느 날 새벽기도 가운데 하나님께서 마음속에 하나의 생각을 주셨습니다. 저에게 물으셨지요. '왜 이백 명이 되어야 하니?' 저는 그동안 제가 기독교 본질이라 할 수 있는 복음을 중심으로 목회해 왔고, 성장만을 위해서 달려온 것도 아니었으며, 세상과 타협한 적이 없었던 터라 '주님의 지상명령을 온전히 실천하기 위한 작은 단계의 목표'라고 자신 있게 답했습니다. 그런데 하나님은 저에게 다시 질문하셨습니다. '네가 한 영혼이 천하보다 귀하다고 외치며 목회해 오지 않았니? 그렇다면 200명을 채우는 것보다, 지금 네 교회에 있는 200명 가까이 되는 양들을 중요하게 생각하여 잘 양육하고 예수의 제자로 세우는 것도 무엇보다도 중요한 일인데, 네가 그 영혼들을 그렇게 중요하게 생각하며 잘 양육하고 훈련하고 있느냐?'라는 질문이었습니다.

물론 제가 교회 안에 있는 영혼들을 중요하지 않다고 생각한 것은 아니었지만, '한 영혼이 천하보다 귀하다'라는 표제처럼 중요시여기고 있느냐는 양심의 질문에는 어떤 대답할 수 없었습니다. 왜냐하면 그것보다는 200명의 목표를 채우기 위한 노력을 더 중요시했기 때문입니다. 저는 설교할 때나, 강의할 때마다 '하나님에게는 사람 수보다는, 한 영혼이 더 중요하다'는 사실을 수 없이 강조해 왔지만, 하나님께서 주신 마음의 소리 때문에 저는 저도 모르는 사이에 어느덧 숫자를 향해 달려가고 있는 저를 발견할 수 있었습니다. 그 때 정말 깊이 하나님 앞에 회개하였고, 제가 세운 목적과 기준을 내려놓았습니다. 200명의 목표가 전적으로 잘못되었다기보다는, 때마침 하나님께서 깨우쳐 주신 영적 깨달음을 적용하여 영적인 진로를 잘 잡지 않으면 200명을 채우더라도 허수가 될 수 있기 때문입니다. 그래서 다시 한 영혼에 집중하며 본질을 회복하기 위해서 노력했습니다. 그때 다시 평안함이 밀려오기 시작했고 제 신앙에 감사가 회복되었습니다. 조급함도 사라졌습니다. 이전에도 이러한 경험들이 순간순간 있었지만, 조급함과 긴장감, 그리고 긴박감이 더 저를 지배했던 것이 사실입니다. 그러나 내려놓고 다시 본질을 붙잡고 시작하니, 다시 풍성한 하나님 나라가 저를 지배하기 시작한 것입니다. 그리고 교회도 건강하며 안정되게 성장할 수 있었습니다.

이 때 깨달은 것이 있습니다. 매 순간 예민하지 않으면 언제든지 본질을 놓쳐 버릴 수 있는 존재가 우리들이기에, 매 순간 우리의 신앙적인 삶을 돌아보며 하나님께 내려놓아야 하는 부분들은 내려놓아야 합니다. 그리고 제게 가장 소중한 경험을 만들어준 그 내려놓음이 개척이라는 척박한 광야의 시간이었기에 가능했다는 것입니다. 개척 2년 만에 200명 가까이 모였지만, 개척이라는 척박한 광야의 시간이었기에 날마다 하나님께 울면서 기도할 수밖에 없었고, 그 결과, 기도 가운데 하나님의 음성을 듣고 나를 돌아보며 조금이라도 잘못 가고 있었던 부분을 다시 고칠 수 있었습니다. 광야의 시간이 아니었다면, 그렇게 절박한 마음으로 하나님께 지속적으로 기도하지 못했을 것입니다. 그렇다면 하나님의 마음의 음성을 듣는 데에도 시간이 더 걸렸거나, 듣지 못했을 수도 있습니다. 그러니 광야가 내려놓음의 실천하는 장소가 된다고 말할 수 도 있을 것 같습니다.

이러한 사실은 한국 교회에도 동일하게 적용될 수 있습니다. 교회의 성장이 멈췄다고 말하는 이유는 교회의 외형적인 성장에만 초점이 맞춰져서, 내적인 성도 개개인의 영적인 성장이 교회의 성장을 따라가지 못하기 때문에 그럴 수 있습니다. 그렇게 되어지면 교회는 건강해지지 못합니다. 형식만 남게 됩니다. 그렇기에 우리는 개인의 성장을 위해서, 그리고 교회의 건강한 성장을 위해서라도 그동안 간과해왔던 내려놓는 훈련을 해야 합니다. 이것이 바로 자기포기, 즉 나를 내려놓는 것입니다. 결국, 신앙의 마지막은 죄 된 나를 내려놓고 십자가에 못 박아, 새로운 나의 자아를 창조하는 것이기 때문입니다.

광야에서 나를 다듬으시는 하나님

광야라는 시간은 신앙의 삶을 살아가는 사람들에게는 필연적인 것 같습니다. 구약에서도 하나님께서 이스라엘을 애굽에서 건져내서야할 목적을 말씀하시면서 광야를 언급하고 계시기 때문입니다. 출애굽기 3장 18절을 보겠습니다.

18 그들이 네 말을 들으리니 너는 그들의 장로들과 함께 애굽 왕에게 이르기를 히브리 사람의 하나님 여호와께서 우리에게 임하셨은즉 우리가 우리 하나님 여호와께 제사를 드리려 하오니 사흘 길쯤 광야로 가도록 허락하소서 하라

이 구절은 출애굽의 목적이라고 할 수 있습니다. 하나님이 모세를 통해 바로에게 가서 이스라엘 백성을 그 땅에서 건져내야 할 이유에 대해서 전하라고 하시며 주신 말씀이기 때문입니다. 그런데 이 구절을 자세히 살펴보면, 이스라엘이 애굽에서 나와야 할 궁극적인 이유는 '제사'를 드리게 하기 위함인데, 그 제사를 온전히 드리기 위해서는 두 가지 조건이 충족되어야 함을 가르쳐 주고 있습니다. 첫 번째는 3일 길을 걸어야 하고, 두 번째는 광야까지 나아가야 한다는 것입니다. 그런데 여기서 '제사'는 '예배'입니다. 하나님은 이스라엘 백성들이 애굽에서 430년 동안 살면서 그들에게 사라져갔던 죄 사함의 예배 즉, '피의 제사'를 회복하시기 위하여 애굽에서 나와야 한다고 말씀하고 계신 것이지요. 왜냐하면 그 민족은 앞으로 오실 메시아, 즉 예수를 품고 있는 민족이기에 그 메시아 예수의 희생, 즉 '십자가의 예표'라고 할 수 있는 '희생의 제사'를 가장 중요하게 회복시킬 목적을 출애굽의 제일 중요한 목적으로 말씀하고 계신 것입니다.

그러나 피의 제사가 드려지기 전에 필요한 전제 조건이 있습니

다. 바로 3일 길을 걸어서 광야로 들어가야 한다는 것입니다. '3일 길'의 의미는 '완전한 분리'를 나타낸다고 할 수 있습니다. 죽은 사람을 '3일 장'으로 치루는 가장 중요한 이유도 3일이라는 시간이 지나면 의학적으로 다시 살아날 가망성이 없기 때문입니다. 그래서 예수님도 십자가에서 죽으신지 3일 만에 살아나셨고, 아브라함도 이삭을 바칠 때 3일 길을 걸어갔습니다. 이것은 예수님의 죽음이 완전한 죽음임을 가르쳐 주는 것이며, 아브라함도 3일 길을 걸으며 자신에게 있던 일말의 욕심까지도 철저히 내려놓은 시간을 가졌다는 의미로 해석될 수 있습니다. 그러므로 이 본문에 적용하자면, "3일 길을 떠나라"는 것은 애굽이라는 나라와 완전히 분리하라는 의미라고 할 수 있습니다. 완전한 분리가 되지 않고, 예전의 습성과 생활방식을 가지고는 하나님께 온전한 제사를 드릴 수 없다는 것이지요. 또한 광야에서 제사를 드려야 한다는 것은 척박한 땅이지만, 바로 그러한 곳에 가서야 비로서 그들이 하나님만을 찾게 될 것이고 그때 그들은 진정한 제사를 하나님께 드려 하나님을 만날 수 있다는 의미로 해석할 수 있습니다. 하나님을 만날 수 있는 장소가 광야라는 것입니다.

히브리어로 광야를 '미드바르'라고 합니다. 이 원어는 '다바르(말씀)'라는 단어에서 왔습니다. 그래서 히브리어로 '광야'의 의미가 '말씀이 있는 곳'입니다. 그렇기 때문에 이 광야에서 하나님의 사람, 믿음의 선조들이 하나님을 만났었습니다. 세례 요한도 마찬가지였습니다. 하루아침에 갑자기 하나님의 말씀을 전하는 자가 된 것이 아닙니다. 누가복음 3장 1-2절의 말씀을 보도록 하겠습니다.

> 1 디베료 황제가 통치한 지 열다섯 해 곧 본디오 빌라도가 유대의 총독으로, 헤롯이 갈릴리의 분봉 왕으로, 그 동생 빌립이 이두래와 드라고닛 지방의 분봉왕으로, 루사니아가 아빌레네의 분봉 왕으로,
> 2 안나스와 가야바가 대제사장으로 있을 때에 하나님의 말씀이 빈들에서 사가랴의 아들 요한에게 임한지라

세례요한을 '하나님의 사람' 이라고 부를 수 있는 이유는 그에게도 어려운 광야의 시간이 있었기 때문입니다. 위의 본문을 보면, "빈들에서 하나님의 말씀이 임했다"고 성경은 말하고 있습니다. 여기서 빈들은 광야를 의미합니다. 세례요한은 광야에서 하나님의 말씀으로 철저하게 깨어지고, 쪼개지는 과정을 통하여서 하나님의 사람이 된 것입니다. 그렇기에 400년 동안의 영적인 암흑기를 뚫고 "회개하라!"고 외쳤을 때 반응이 있었고, 요단강에서 죄 사함의 세례를 베풀어 예수님의 길을 평탄케 하는 위대한 사역할 수 있었던 것입니다.

그러므로 지금 내 삶이 광야와 같은 삶이라고 생각하신다면, 이것은 축복입니다. 왜냐하면, 하나님이 나를 하나님의 사람으로 빚어 가시겠다는 정확한 싸인이기 때문입니다. 하나님이 나로 하여금 내

자신을 포기하게 만드는 시간이라는 것입니다. 그러나 광야의 시간이 그렇게 아름다운 시간만은 아닙니다. 정말 눈물 나고 아픈 시간입니다. 하지만 그 시간 가운데 하나님이 함께 계신다는 사실을 기억하시기 바랍니다.

그러나 광야 같은 시간들을 지날 때 우리 그리스도인들이 정말 착각하는 것이 있습니다. 하나님이 나를 포기하셨다고 생각하고, 하나님이 나를 내버려두고 계신다고 생각합니다. 그러나 그렇지 않습니다. 하나님은 눈물로, 아픔으로 그 시간동안 우리를 바라보고 응원하고 계십니다. 그 시간들을 이겨낼 수만 있다면 하나님의 나라의 풍성함이 우리의 것임을 아시기에 기다리십니다. 그렇기에 너무 힘들어서 "주님!" 하고 부르기만 하면, 곧바로 그 주님이 찾아오십니다. 그리고 어떠한 상황이 쉽게 변화되지 않았어도, 주님이 찾아오셨기에 또 다시 그 길을 걸어갈 수 있는 힘이 생겨납니다. 그래서 그 길을 걸어가다 보면, 나도 모르는 사이에 내가 하나님의 사람으로 바뀌어져 가는 것이지요. 이것이 광야의 묘미입니다.

그러므로 내 삶에 광야와 같은 시간이 왔다는 것은 기도하라는 싸인입니다. 기도하지 않으면 넘어질 수밖에 없습니다. 그런데 그 때 나오는 기도는 결사적인 기도입니다. 하지만 그런 하나님 앞에 아무런 액션도 취하지 않는 것만큼 어리석은 일은 없습니다. 아프면 아프다고 소리치고 살려달라고 소리치고 아우성이라도 쳐야합니다. 그 시간을 하나님 앞에 몸부림 치셔야 합니다. "하나님 나 좀 살려주세요! 나 죽을 것 같아요!"라고 하나님 앞에 결사적으로 매어달려야 합니다. 무엇이 신앙입니까? 예수 믿고 예수 때문에 잘 되는 것만이 신앙의 모습이어야 합니까? 그렇지 않습니다. 예수 믿고 하나님 나라를 지속적으로 누리면서 그 안에 하나님 나라의 풍요로움을 경험해야 합니다. 그렇기 때문에 하나님은 내가 하나님 나라를 경험하지 못하도록 방해하고 있는 것들을 내려놓도록 때로는 강권적으로 광야로 밀어 넣기도 하십니다. 그 하나님 나라의 깊고 넓은 풍요로움을 경험케 하시기 위해서 말입니다.

장차 완성될 하나님 나라를 기다리며!

이제 우리는 장차 완성되어 다가올 하나님 나라를 기다리고 있습니다. 성경은 그 나라의 모습을 우리에게 보여주고 있습니다. 요한계시록 7장 9-12절을 보겠습니다.

> 9 이 일 후에 내가 보니 각 나라와 족속과 백성과 방언에서 아무도 능히 셀 수 없는 큰 무리가 나와 흰 옷을 입고 손에 종려가지를 들고 보좌 앞과 어린양 앞에 서서
> 10 큰 소리로 외쳐 이르되 구원하심이 보좌에 앉으신 우리 하나님

과 어린양에게 있도다 하니

11 모든 천사가 보좌와 장로들과 네 생물의 주위에 있다가 보좌 앞에 엎드려 얼굴을 대고 하나님께 경배하여

12 이르되 아멘 찬송과 영광과 지혜와 감사와 존귀와 권능과 힘이 우리 하나님께 세세토록 있을 지어다 아멘

이것은 완성될 하나님 나라의 특징적 모습입니다. 그때가 되면 여러 가지 기쁜 일들과 상급, 그리고 우리게 준비하신 선물들도 주실 테지만, 본문을 보면, 각 나라와 백성과 방언이 함께 하나님께 엎드려 경배한다고 기록되어 있습니다. 여기서 강조하고 싶은 것이 있습니다. 하나님 나라의 풍요로움을 누리는 사람에게 나타나는 특징 중에 하나는, 내 주변의 사람을 축복하기 시작하면서 각 나라를 보고, 각 족속을 보고, 각 민족을 본다는 것입니다. 그것이 완성될 하나님 나라의 모습이기 때문입니다. 이 땅에서 먼저 연습하는 것입니다. 그리고 열방을 향한 하나님의 계획을 떠올리기 시작합니다. 그러면서 내가 하나님의 마음이 되고, 손과 발이 되어, 이제는 나를 통해 하나님의 나라가 확산되어 흘러가기 시작합니다. 따라서 하나님 나라의 풍요로움을 경험한 자는 그 풍요로움을 자신이 먼저 누리면서 점차 주변으로 확장시켜 나아가게 되어 있습니다.

그렇기에 이들은 하나님 나라의 풍요로움 속에서 완성될 하나

님 나라를 소망합니다. 모든 나라와 백성이 나와서 함께 주님을 예배할 그날을 떠올리며 기도합니다. 그러면서 이 땅에서 진정한 나그네의 길을 걸으며, 하나님이 원하시는 곳으로 달려가고, 하나님이 원하시는 말과 행동을 하며, 하나님의 마음을 나누어 주는 삶을 살아갑니다. 그러므로 여러분! 내 가족, 내 구역, 내 교회를 넘어서 열방을 떠올리십시오. 열방 가운데 주의 복음을 들고 헌신하는 선교사님들을 떠올리십시오. 또한 지금도 하나님을 알지 못하여 죽어가는 그 영혼들을 향한 불타는 마음이 회복되어야 합니다.

그리고 매일 삶에서 세상과 단절되고 하나님만 바라는 광야의 시간을 만들어 하나님을 만나야 합니다. 그곳에서 이 세상에서 자랑하고 누리고 싶어 했던 가치를 내려놓을 때, 온 세계와 열방을 향한 하나님의 마음이 보이기 시작할 것입니다. 만약 세상적인 가치와 기준에 젖어 오랜 시간동안 하나님의 뜻을 뒤로 하고 계신 분들이 있다면, 다시금 방향을 틀어 세상의 가치를 내려놓고 하나님 나라의 가치에 삶의 우선순위를 두십시오. 그 때 우리는 이 땅에서 살아가지만, 하나님 나라 백성답게 하나님 나라를 날마다 풍성하게 누리며 살아가게 될 것입니다. 이 땅에서 하나님 나라의 풍요로움을 경험한 사람들은 그것이 어떠한 것인지 알기에 다가올 나라를 소망하며 살아갑니다. 이 사람들이 진정한 그리스도인들입니다!

더 깊은 연구를 위하여

❶ 내려놓음과 십자가와의 관련성을 설명하세요.

❷ 내려놓음과 하나님 나라와의 관계에 대해서 설명하세요.

❸ 내려놓음이 어려운 이유를 말해보세요.

❹ 내가 가장 내려놓기 어려운 것이 무엇인지 말해보세요.

❺ 하나님은 왜 내려놓음의 장소로 광야를 말씀하고 계실까요?

❻ 십자가와 광야와의 관계성도 설명해 보세요. 어떠한 관계가 있을까요?

❼ 내 삶의 가장 극심했던 광야의 시간은 언제였습니까?

❽ 왜 하나님의 사람은 광야에서 다듬어지고 만들어지는 것일까요?

❾ 광야가 아닌 삶은 어떻게 살아야 하나님 나라의 풍요로움을 지속적으로 경험할 수 있을까요?

❿ 완성될 하나님 나라는 어떠한 사람이 기대하고 소망할 수 있습니까? 그것이 내려놓음과 어떠한 관계가 있습니까?